아동미술의 이론과 실제

| 오현숙 · 백중열 · 이하나 · 안정은 공저 |

THE THEORY AND PRACTICE OF CHILDREN'S ART

학지사

머리말

세계는 4차 산업혁명이라는 흐름에 대응하기 위해 총력을 기울이고 있으며, 우리나라 또한 미래시대를 선도할 전략으로 4차 산업혁명에 대한 투자에 집중하고 있습니다. 그러나 4차 산업혁명도 사물을 아름답게 포장하고 심리적인 마케팅 전략이 함께 융합될 때 의미가 있으며, 예술 인재는 아동기부터 체계적으로 육성되어야 스티브 잡스(Steve Jobs)나 파블로 피카소(Pablo Picasso), 테오 얀센(Theo Jansen) 같은 융합형 인재를 길러 낼 수 있습니다. 그런 의미에서 이 책은 아동들의 예술적 감각을 길러 주기 위한 근본적인 자료를 아동미술을 지도하는 교사들이 현장에서 활용할 수 있도록 다음과 같이 구성하였습니다.

제1부 아동미술이론은 아동미술에 대한 기초적 이론, 원리 등을 다루고 있습니다. 제1장은 아동미술의 개념, 중요성, 목적, 성립요건, 학습지도의 원리 등을 제시하고, 제2장은 아동미술의 역사와 사상, 아동미술의 발달과 사상가를 소개하고 있으며, 제3장은 아동화의 연령별 특징과 표현적 특징, 아동미술의 요인과 평가를 정리하였습니다.

제2부 아동미술의 기초 이해는 미술의 각 영역을 아동미술의 관점에서 이해할 수 있도록 제4, 5, 6, 7, 8장을 각각 회화, 판화, 조소, 디자인, 공예의 내용으로 구성하고 있으며, 아동미술 교사들이 각 영역을 아동의 눈높이에 맞추어 해석하고 현장에서 지도할 수 있도록 다양한 프로그램을 제시하였습니다.

제3부 다중지능과 아동미술은 미술에 하워드 가드너(Howard Gardner)의 다중지능이론을 접목하여 아동미술을 다양한 관점에서 이해하고 분석할 수 있도록 하였습니다.

제4부 다중지능 미술의 실제 적용은 다중지능의 8가지 지능인 언어, 논리-수학, 음악, 신체운동, 공간, 인간친화, 개인이해, 자연친화 지능을 이용한 미술프로그램을 소개하고 있습니다.

부록은 아동미술 교육현장에서 활용할 수 있는 다양한 미술프로그램과 실제적인 내용을 담고 있습니다.

이 책은 예술 인재를 육성한다는 사명감을 갖고 집필된 책입니다. 아동미술 교사들이 현장에서 다양하게 활용할 수 있기를 바라며, 이 책이 나오기까지 열정적으로 참여해 주신 학생들과 지금은 졸업해서 부모가 되어 있을 한서대학교 아동미술학과 졸업생 여러분께 감사의 마음을 전합니다.

2019년 9월

저자 일동

차례

제2부
아동미술의 기초 이해

제4부

다중지능 미술의 실제 적용

부록

제 1 부

아동미술이론

제1장

아동미술의 기초

1. 아동미술의 개념

교육을 인간행동의 변화를 일으키는 학문으로 규정할 때 인간행동은 선천적으로 고정되어 있는 것이 아니며 변화 가능성이 있음을 의미한다. 인간행동이 선천적으로 결정된다면 교육은 불필요할 것이다. 인간이 가지고 태어난 잠재능력은 후천적인 경험에 의해 변화할 수 있는 가능성이 있음이 과학적 연구로 입증되면서 그 중요성은 더욱 강조되고 있다(이기숙, 장영희, 정미라, 엄정애, 2005). 이 책은 아동의 잠재된 창의성을 육성하기 위한 방안으로 아동미술을 이론과 실제로 나누어 제시하고 있다.

2. 아동미술의 중요성

미술활동은 아동의 성장 및 발달과 밀접한 관계가 있다. 미술은 언어처럼 의미를 전달하는 상징체계의 기능을 할 뿐만 아니라 학습의 도구로 활용된다. 스포덱(Spodek, 1993)은 미술이 아동의 자기표현 수단이며 창의적 발달을 위한 매체인 동시에 지식을 습득하고 전달하며 상징화하는 방편이고, 감성을 개발하고 교육하는 매개체의 역할을 한다고 하였다(Isenberg & Jalongo, 2001). 또한 미술교육은 미술교과에서 육성시킬 수 있는 독자적인 영역을 확보하여 교육의 한 과정으로 이루어지는 것이다. 미술교육은 인간의 가능성이 최대로 신장되도록 돕기 위해 인간의 내면을 시각적, 공간적, 조형적으로 표현하고 그것을 이해하며 감상하게 하는 교육이다(이규선, 김동연, 류재만, 전성수, 최윤재, 권준범, 2000). 인간은 완성된 개체로 성장하는 데 오랜 시간이 걸린다. 그것은 신체적 성장뿐만 아니라 다른 동물이 갖지 못한 도덕적 능력과 언어를 사용하기 때문이다. 동물과 달리 인간이 하나의 개체로 완성되기 위해서는 많은 조건을 학습해야 한다. 그 학습은 교육을 통해 전달되고 완성되어 간다. 즉, 교육은 인간이 지닌 잠재적 가능성을 바람직한 방향으로 발전할 수 있도록 도와주는 과정이다. 우수한 잠재능력을 가지고 있는 아동을 조기에 발굴하여 그들의 능력과 학습속도, 흥미에 따라 창의적인 학습을 할 수 있도록 교육적 배려를 해 주는 것은 개인적인 측면뿐만 아니라 국가와 사회 발전을 위해서도 중요하다. 아동미술의 중요성은 다음과 같다.

1) 자아를 표현하는 방법이다

아동은 자신의 마음을 그림으로 표현하므로 그림은 아동이 보고 생각하고 경험하고 상상한 모든 것을 반영한다. 또한 아동이 미술로 자신의 마음을 나타내는 것의 가장 큰 교육적 의미는 자아를 표현할 수 있다는 것으로 다양한 인지된 정보를 형태로 나타낼 수 있다. 로웬펠드Lowenfeld는 미술을 조화로운 인간 형성과 창의성 계발의 한 방법으로 보고, 외부로부터 주어지는 간섭이 없는 자유로운 자아표현을 통해 아동이 자신의 모든 감각을 표현함으로써 노출시키는 것이며, 촉각적 · 시각적 · 청각적 현상에 대한 직접적인 경험을 통해 아동의 상상력과 자각능력을 발달시키는 것으로 보았다.

아동은 글로 표현하는 것보다 감정적으로 창작하는 미술을 통하여 복잡한 생각이나 힘든 주제들을 더 만족스럽고 보다 쉽게 표현한다(서울대학교 미술교육연구회 역, 1992). 아동은 외부환경으로부터 자극받은 다양한 경험을 언어적으로 표현하기보다는 그림으로 표현하는 것을 좋아한다. 아동이 자신의 감정을 언어로 표현할 수 있는 능력에는 한계가 있지만 미술의 표현과 발상은 언어의 한계를 넘을 수 있기 때문이다. 또한 아동들은 다양한 경험을 언어로 표현하기보다는 그림으로 표현할 때 자유롭고 다양하게 표현할 수 있어 그림을 좋아한다. 그림으로 자신의 사고와 친구의 사고를 서로 이해할 수 있으며, 언어로 표현할 수 없는 추상적인 세계도 경험하게 된다(백중열, 오현숙, 2006).

2) 시지각을 발달시킨다

아동의 유전적 기질은 시각을 통해 새로운 환경을 접하고 정보를 습득하게 한다. 아동은 주변 환경에서 접할 수 있는 다양한 형태와 색채, 문화 등을 시각으로 느낄 수 있으며, 시각으로 받아들인 정보는 교육을 통해 더욱 발달하게 된다. 게절Gesell이나 게트만Getman 같은 학자들이 지적했듯이 인간 학습의 약 80%는 시각을 통해서 이루어진다. 세퍼드Shepard의 연구에 의하면 독창적인 과학적 이론들도 내적 심상(internal mental imagery)을 기초로 발전되었음을 밝히고 있다(김정오 역, 1989). 기성세대가 문자 등으로 된 언어적 정보 속에서 자란 세대라면 현재의 아동들은 시각과 영상 정보 속에서 성장하고 있으며, 그들은 책 이외에도 컴퓨터, 텔레비전, DVD, 비디오 등 영상매체를 많이 접하는 세대이다. 이런 상황은 미래 사회에 더욱 심화될 것이므로 교육은 이에 대비해야 한다.

로웬펠트는 "촉각과 시각, 청각에 의한 직접적인 경험을 통하여 아동들의 이미지 형성과 지각력이 계발된다"고 하였으며, 허버트 리드Herbert Read는 "아동들은 감각능력의 육성을 통해 배워야 한다"고 하였다(이규선 외, 2000). 시각적 사고는 아동으로 하여금 정보를 훨씬 쉽게 이해하고 기억하게 해 주는 형태로 정보를 통합하는 심상을 제공해 준다.

3) 전뇌(全腦)를 발달시킨다

아동들은 유전적인 요인에 의해 한쪽 뇌가 우세하게 태어나지만, 대부분 본능적인 행동을 하는 뇌간과 연관되는 우뇌의 영향을 받게 된다. 즉, 대부분의 유아는 우뇌가 우세하여 논리적이고 체계적인 행위보다는 본능이나 감정에 의해 표현하게 된다. 우뇌에 의해 나타나는 감정은 즉흥적이지만 창의성을 발견하는 직감력을 길러 주는 장점이 있다.

사과가 나무에서 떨어지는 것을 보고 '만유인력의 법칙'을 발견하는 데 힌트를 얻었다는 뉴턴Newton의 말은 유명한데, 실제로는 사과가 떨어지는 소리를 들으면서 사색에 잠겼다고 한다. 그는 사과는 지구를 향하여 떨어지지만 달은 왜 떨어지지 않을까 하는 의구심이 생겨 달과 지구는 무엇인가로 연결되어 있는 것은 아닌가 하는 아이디어가 번쩍 떠올랐다고 했다. 그때 정리定理가 보였다는 것은 아니지만 순간적으로 느낀 의문이 기억으로 남아 이후에 연구를 하면서 번뜩임이 검증되고 논리화되어 법칙의 발견에 다다른 것이다. 즉, 확신이 생길 때까지 뉴턴은 많은 시간 동안 노력하며 연구하였다. 발상의 대발견에는 우뇌의 번뜩임과 함께 발상을 언어화하여 논리적으로 검증하는 좌뇌의 역할이 함께 필요하다. 중요한 발견과 관련된 발상력도 체계적인 이론화를 하지 않으면 단지 생각으로 끝나 버릴 수 있다. 우뇌와 좌뇌 각각의 능력을 균형 있게 다루어야 생각이 대발견으로 되어 세상 사람들을 납득시킬 수 있는 것이다.

4) 상상력과 창의성을 길러 준다

그림은 아동이 상상력을 펼칠 수 있는 공간이자 수단이다. 아동의 뇌에 저장되어 있는 다양한 상상력은 손과 마음을 통해 그림으로 나타낼 수 있으며, 아동이 손으로 표현하는 그림은 단순하지만 의미를 부여하기가 부족할 정도로 많은 내용을 내포하고 있다.

아동은 서로 다른 유전자를 갖고 태어나고, 서로 다른 문화적 환경에서 성장하면서 각자 자신만의 독특한 개성을 가지게 된다. 미술은 아동들이 접한 다양한 문화와 환경을 밖으로 표현해 주는 도구이며, 수단이다. 아동들이 하나의 대상을 대할 때 각기 다른 관심을 보일 것이다. 아동들 중에는 대상의 해부학적 구조에 관심을 가지는 아동, 대상의 형태에 관심을 가지는 아동, 대상의 표현에 집중하는 아동, 대상의 재료와 기법에 관심이 있는 아동, 대상의 외형보다는 내적인 추상적 해석을 통해 영감을 표현하는 아동 등 각 개인의 성향에 따라 대상을 보는 시각이 다양하다. 아동은 경험한 사고를 그림으로 표현할 때 보고 들었던 경험을 있는 그대로 표현하는 것이 아니라 아동의 관점에서 새로운 이야기를 접목하여 아동의 관점에서 창의적으로 재해석할 것이다. 창의성은 무無에서 유有가 나오는 것이 아니라 다양한 경험을 새롭게 조합하고 표현하면서 나타나는 것이다(백중열, 2006, p. 102).

의사소통, 5세

개성 표현, 7세

3. 아동미술의 목적

피셔Fisher는 미술교육에서 미술에 대한 반응과 미술제작, 미술감상 활동을 통해 길러야 할 사람을 '미적으로 인식하는 사람'으로 보고 미적 지식과 환경에 대한 감수성, 인간애, 시각적 개념의 고양, 미적 판단을 미술의 목적으로 제시하였다.

1) 뇌와 손의 협응력을 발달시킨다

인간은 두 발로 걷게 되면서 자유로워진 두 손으로 헤아릴 수 없이 많은 일을 하게 되었다. 그 결과, 정교한 손놀림이 인류의 두뇌 발달에 원동력이 되어 인간의 두뇌는 발달하게 되었고, 마침내 찬란한 문명을 창조하였다. 두뇌 발달은 어렸을 때 가장 활발하기 때문에 아동에게 정교한 손작업을 시키는 것이 좋다. 그림은 뇌와 손의 협응에 의해 이루어지는 것이므로 뇌 발달에 탁월한 효과를 줄 수 있다. 그러나 점차 유아들은 연필은 자동 연필깎이가 있어 연필을 직접 깍지 않게 되었고, 컴퓨터에서 버튼만 누르면 게임을 즐길 수 있게 되면서 손을 다양하게 사용하는 기능이 줄었다. 또한 뇌와 손을 활용하는 공기놀이나 실뜨기 등을 하는 아동의 수도 현저하게 줄어들고 있으며, 식사 문화에서 포크를 사용하면서 다섯 손가락을 발달시킬 수 있는 젓가락질을 못하는 어린이도 증가하고 있다(백중열, 2005).

2) 창의성을 길러 준다

창의성이란 독창력, 창조적 재능 등을 포함하는 의미를 가지고 있으며, 생산적 사고나 확산적 사고에 의한 새로운 유형의 사고 능력을 말하기도 한다. 로웬펠트는 미술을 통한 인간교육을 강조하면서 미술교육에서 가장 중요한 것은 미술에 의해 창의성을 계발시키는 것이라고 하였다. 그는 창조활동 자체가 보다 나은 행동을 위한 새로운 통찰력과 지식을 제공해 줄 수 있으며, 창조를 위한 가장 좋은 준비는 창조 행위 자체라고 보았다. 그는 창의성 향상과 계발의 중요성은 아무리 강조해도 지나치지 않다고 하면서, 분명한 것은 미술교육의 어떤 프로그램이든 가장 중요한 목표는 창의적인 사고의 주체인 개인을 발달시키는 데 있음을 강조하였다. 그는 창의성의 특성으로 감수성, 융통성, 유창성, 독창성, 재구성 능력, 추상하고 종합하는 능력을 제시하고 있다(Lowenfeld, Brittain, 1993).

3) 미적 안목을 길러 준다

미래에는 무엇보다 중요한 것이 많은 정보 중에서 자신에게 필요한 정보와 문화를 선택할 수 있는 능력일 것이다. 미적 안목을 기르는 교육은, 첫째, 보고 생각하면서 이루어지는 교육이다. 둘째, 보고 생각하고 상상한 것을 표현하는 교육이며, 창의력도 본 경험의 기초에서 이루어지는 것이다. 셋째, 미술은 보거나 느낀 것을 창의적으로 표현하는 교육이다.

미적 안목은 미술표현에만 한정되는 것이 아니라 미술을 이해하고 감상하며, 비평하는 데서 찾을 수 있고, 일상의 삶에서도 찾을 수 있다. 우리의 환경 속에서 미적 대상을 발견하고 미술적인 것을 선택하고 환경을 개선하는 모든 일들이 미적 안목을 요구한다. 그러므로 미술교육에서 가장 중요시해야 될 교육이 미적 안목을 육성하는 것이다.

4) 정서지능을 함양한다

정서는 뇌 안에서 본능적이고 원초적으로 일어난 감정이 뇌의 이성적 부위의 통제를 거쳐서 어느 정도 순화된 상태로 유발되는 것을 말한다(조주연, 2003). 정서는 인지적 사고, 즉 이성과 긴밀한 관계를 가지고 서로 영향을 주고받으며 작용한다. 우리 뇌에서 정서는 대체로 변연계와 대뇌피질의 우반구와의 상호작용을 통해 일어나는 것으로 알려졌다(조주연, 이병승, 2001; LeDoux & Hirst, 1986; Sylwester, 1998). 사람에게 강한 정서가 일어날 때 뇌는 자극을 받는다. 정서는 우리의 행동을 더 활성화시키고 뇌가 화학적으로 자극을 받게 해서 어떤 것을 잘 회상할 수 있도록 해 준다. 골먼(Goleman, 1995)은 편도의 각성이 강할수록 각인이 강해진다고 하였다. 아동들이 대부분 강의보다 미술활동이나 현장학습, 과학실험, 체육활동을 훨씬 더 오래 기억하는 것을 우리는 흔히 볼 수 있다. 미술활동이나 현장학습, 과학실험, 체육활동 등은 좌뇌뿐만 아니라 우뇌와 관련이 많기 때문에 우뇌활동이 정서지능에 미치는 영향을 기대할 수 있다. 이처럼 훌륭한 학습이란 정서를 피하는 것이 아니라 정서를 포함하는 것이다. 미술이나 음악, 체육 등에서 우뇌를 자극하는 학습경험은 아주 중요한 정서교육의 장이 될 수 있다. 미술이나 음악을 통해 정서를 체험하고, 몸 안에 축적된 스트레스 호르몬을 배출하여 안정된 정서 상태를 유지할 수 있다(서유헌, 2000).

4. 아동미술의 성립요건

아동미술에서 반드시 필요한 3요소로는 교사, 학습자, 매체 및 교재와 교육내용이 있다.

1) 교사

교사는 교육의 목적과 목표를 설정하고 그 목표 달성에 필요한 학습과정을 설계하며 평가한다. 또한 교사는 교육의 주체로서 교육의 장을 이끌어 나가기 때문에 교사의 능력은 곧 학습 결과와 직접적으로 연결된다. 그러므로 교사는 미술교육과 관련된 전문적인 지식과 기술을 익혀야 된다. 교사는 국가에서 결정한 교육의 목적과 목표를 추구해야 하며, 제한된 범위 내에서 교육의 목표와 내용을 운영하게 되므로 교사의 역할이 중요하다. 교사는 미완성의 학습자에게 많은 영향을 미치기 때문에 교사가 갖추어야 할 여러 가지 덕목들이 있다. 교사는 건강하고, 덕망이 있으며, 애정과 권위, 열정, 인내심, 학식과 기술, 교육애가 있어야 한다. 또한 성실성이나 감성, 감화력 등 학습자에게 긍정적인 영향을 줄 수 있는 요소들을 지녀야 한다. 교사의 역할은 사회를 대표하는 문화 전달자이며, 학습자의 잠재적 가능성을 개발하는 안내자이기도 하다. 교사는 끊임없이 학습자의 발달에 기여해야 하며, 자신의 인격적 완성을 위한 노력도 해야 한다. 교사는 다양한 미술활동 자료를 준비하고, 새로운 활동을 제공해 줄 뿐만 아니라 유아들과의 상호작용을 통해 미술활동을 적절하게 지도해야 한다. 미술교육을 위하여 교사는 계획자의 역할, 안내자의 역할, 촉진자의 역할, 창의적 전문가로서 역할을 수행할 수 있다(Cherry, 1999; Koster, 2001).

2) 학습자

교육의 객체인 학습자는 교육의 가장 중요한 요소이다. 학습자는 미성숙자이며, 자주적 발달 능력이 부족하므로 교사의 종속적인 존재로 생각되었다. 그러나 현대에는 독립적 인격체로 존중되고 있으며, 학습자가 가진 내재적 능력과 발전 가능성도 점차 인정받게 되었다. 학습자는 교사와의 관계에서 교사에게 종속된 존재라는 생각 때문에 전통적인 교육에서는 학습자의 욕구나 능력, 소질, 인격 등이 무시되어 왔던 것이 사실이다. 그러나 루소Rousseau나 페스탈로치Pestalozzi, 프뢰벨Fröbe과 듀이Dewey 등에 의해 아동의 가치가 새롭게 강조되면서 교육에서 학습자의 욕구와 능력 등에 대한 관심을 가지게 되었다. 미술교육의 대상으로서 학습자는 몇 가지 특성을 갖고 있다. 첫째, 학습자는 교육받는 대상object으로서의 개인이다. 둘째, 인격과 가치를 가진 존재이다. 셋째, 교육의 결과는 학습자의 변화로 평가된다.

학습자의 특성을 이해하여 교육의 효과를 높이기 위해서는 다음과 같은 조건을 고려해야 한다. 외적 조건으로는 학습자의 능력, 소질, 환경, 심리적 · 신체적 발달과 성숙

등이 고려되어야 한다. 또 내적 조건으로는 학습자의 목적, 필요, 욕구, 흥미 등이 고려되어야 한다. 외적 조건과 내적 조건이 조화를 이룰 때 교육의 효과는 극대화될 수 있다. 교육의 장에서 학습자는 무엇보다 변화의 대상이며, 독립된 인격체로서 존중되어야 한다.

3) 매체, 교재, 교육내용

미술교육의 세 가지 요소 중에서 교사와 학습자를 연결하는 것이 미술교육내용이다. 미술교육내용은 시대적 배경에 따라, 학습자의 욕구와 발달 수준에 따라 달라진다. 미술교육내용은 몇 가지 기본 준거에 의해 결정되어야 하는데, 일반적으로 교육내용의 결정요소는, 첫째, 미술교육목적을 설정하는 일이다. 미술교육목적은 교사가 학습자에게 무엇을 가르칠 것인가에 관한 것이며, 학습자의 성취 수준, 발달 가능성, 현재의 능력 등에 의해 결정된다. 둘째, 미술교육내용을 선정하는 일이다. 교육내용을 선정하는 일은 학습자의 신체적 · 정신적 능력, 발달 수준, 사회적 · 개인적 요구 등이 반영되어야 한다. 셋째, 미술교육내용을 조직하는 일이다. 조직이란 선택된 내용을 구성하는 배열이다. 타일러Tyler는 교육내용을 조직하는 원리를 세 가지 들고 있는데, 계속성(continuity), 계열성(sequence), 통합성(integrity)이 그것이다. 넷째, 미술교육내용을 표현하는 방법이다. 미술교사가 학습자에게 교육내용을 전달하는 방법이 교수방법이며 학습자의 연령, 능력, 선수학습 결과, 흥미 등이 고려되어야 한다.

5. 학습지도 원리

1) 자기활동의 원리

존 듀이John Dewey는 '행함으로써 배운다(learning by doing)'의 개념 설명에서 학습자는 능동적인 존재로서 자기 주도의 자기활동에 의해 발전하는 존재로 보았다. 페스탈로치는 "존재하는 모든 것과 내가 원하는 모든 것, 내가 해야 할 모든 것이 나로부터 출발한다"

고 했다. 자발성을 일으키는 방법으로는, 학습자에게 내면적인 학습의 흥미를 일으키게 하는 방법, 학습의 생활화를 통해 자발적인 참여를 기대하는 방법, 상이나 벌을 통한 동기유발 방법이 있다.

2) 개별화의 원리

개별화의 원리는 개인차를 고려한 학습지도로 학습의 효과를 극대화할 수 있음을 의미하는 원리로, 학습의 내용과 진도 등을 학습자의 성격과 개성, 표현능력에 합치시키려는 방법이다. 미술교육에서는 개별화 지도가 학습효과를 높이는 데 효과적인 교육방법이다. 학습지도의 방법은 학습자의 개성이나 유전 · 환경 · 경험 등을 고려하여 모색해야 한다.

3) 사회화의 원리

미술교육은 아동의 개인차를 고려한 개별화의 원리도 적용되지만, 학습자가 사회 구성원들과 조화를 이루는 것도 필요하다. 미술교육을 통한 사회화의 원리 중 하나는 분단학습이다. 이는 아동 개인이 모든 것에 유능하지 않기 때문에 부족한 측면을 서로 상호 협력하여 문제를 해결할 수 있는 방법이다. 사회화의 원리 중 또 다른 하나는 관찰법이다. 이는 교사가 아동들이 작품을 제작할 재료를 사용하거나 감상할 때 나타나는 문제를 해결해 주어 서로 협력할 수 있도록 하는 방법이다.

4) 통합의 원리

교육은 학습내용의 구성이나 학습경험의 전개에서 통합적으로 다루어져야 한다. 인격의 통합은 한 개체가 발달함에 있어 지적 · 정서적 · 사회적으로 골고루 조화롭게 발달해야 된다는 것이다. 교과의 통합은 교과내용을 서로 연관성 있는 단원으로 조직하는 것을 말하며 상관 교육과정이라고 한다(한국미술교과교육학회, 1999).

제2장

아동미술의 역사와 사상

1. 아동미술의 역사

1) 선사시대-고대

인간이 미술이라 할 수 있는 흔적을 남긴 시대는 기원전 2만 5,000년경으로 추정하고 있으며, 인간이 도구를 사용하게 되면서 진정한 의미의 창의력을 발휘하게 되었다. 당시 그들은 동굴 속에서 살았고, 최대 관심사는 충분한 양의 먹을거리를 찾는 것이었다. 그들은 농사를 짓는 방법이나 가축을 기르는 법을 잘 몰랐기 때문에 음식은 주로 사냥에 의존했을 것이다. 구석기 시대 인간들은 그들이 생활하던 동굴의 벽면에 동물의 모습을 그렸다. 그들이 그림을 그린 이유는 사냥을 하거나 물고기를 잡을 때 신神의 도움을 원했기 때문이다. 그들은 석탄으로 윤곽을 긋고 검정이나 노랑, 자주 등 흙으로 만든 몇 가지 색료를 이용하여 그 표현을 채색하였으며, 색료를 고착시키기 위해 동물의 피나 지방질, 식물성 수지 등을 사용했다(최기득 역, 1996).

고대 그리스 철학자 플라톤Plato과 아리스토텔레스Aristoteles는 예술과 교육을 공동체 존속에 영향을 주는 중요한 문제로 인식하였으며, 정치적 저술에서 예술과 교육이 언급되었다. 그리스 시대 교육에서 음악과 체육이 신체와 영혼의 교육을 위해 중요시된 반면, 미술교육은 미술을 '모방의 모방'이라고 보는 관점 때문에 경시되었다. 로마시대 후기에는 재능이 있는 학생을 후원하여 건축을 장려하거나 예술에 대한 후원도 있었지만, 예술가들의 사회적 지위와 보수는 장인에 불과하였다.

라스코 동굴벽화(프랑스/기원전 1만 5,000~1만 년)

2) 르네상스 시대

중세에는 경제가 농업중심으로 진행되면서 예술에 대한 후원이 줄어들었고, 이때의 도제교육은 대가의 작품을 모방하는 훈련중심의 교육으로 예술적 독창성보다는 고도의 기량 전수에 비중을 둔 미술교육이라 할 수 있다.

르네상스 시대의 미술은 화가인 마사초Masaccio, 조각가인 도나텔로Donatello, 건축가인 브루넬레스키Brunelleschi에 의해 시작되었으며, 그들은 서로의 예술세계에 대해 잘 알고 있었으며, 공동의 노력으로 하나의 새로운 미술형식을 창출하였다. 100년 이후에는 미술의 역사에 있어 가장 유명한 화가인 레오나르도 다빈치, 라파엘로, 미켈란젤로, 티치아노 등이 등장하게 되어 미술의 새로운 역사를 쓰게 되었다. 그러나 알베르티Alberti와 같은 이론가들은 길드에 의해 배타적으로 감독받았던 미술교육이 과연 적절한가에 의

문을 가졌다. 길드 체제하의 훈련이 높은 수준의 기술을 생산하는 데에 필수적이라는 점에는 의심의 여지가 없었으나 이 작업장은 알베르티가 주장한 인문주의적 학식을 갖춘 교사를 배출하기에는 적절한 장소가 되지 못했다. 레오나르도 다빈치와 미켈란젤로가 예술적 성공을 거두자 예술가들은 그들 내부의 상상력을 표현하는 데 열심이었다. 예술가들이 왕실과 교회에서 존경을 받을 만한 지위를 차지하게 되었다는 사실은 중세의 교육 제도보다 더 포괄적인 개념의 미술교육을 요구하였다.

최초의 공공 미술아카데미는 르네상스 시대에 피렌체의 디자인 아카데미Accademia del Disegno였다. 아카데미에 입학한 학생들은 먼저 수학을 배웠으며, 원근법, 비례, 조화, 평면 및 입체 유클리드 기하학도 배웠다. 이것은 미술가들로 하여금 워크숍에서 경험에 따라 학습하던 방식에서 벗어나 이론적 배경을 습득하도록 하기 위해서였다. 미술가는 좋은 눈과 좋은 손이 필요하다고 생각되지만 이것을 발전시키기 전에 먼저 그것을 이끌어 줄 심적 원리가 필요하다. 따라서 '측정된 판단'과 '개념적인 기초'가 손 기술보다 우선해야 하는 것이다(장호연 역, 2006).

미켈란젤로, 아담의 창조, 1511~1512

3) 17~18세기

17세기 아리스토텔레스 제도의 학문은 17세기 실험적인 과학의 발생으로 쇠퇴했다. 예술의 사회적 지위의 상대적인 쇠퇴는 과학의 정확성을 전달하기 위해 정확한 형태의 말을 주장한 프랜시스 베이컨Francis Bacon이나 존 로크John Locke와 같은 철학자들의 글에서 발견된다. 회화와 조각을 가르치는 프랑스 예술원은 1648년에 설립되었다. 길드guild 일원이 아니었던 궁정의 예술가들은 예술원을 설립함으로써 길드 조직을 회피할 수 있었다. 그들은 왕에게 건축과 기하학, 원근법, 산수, 해부학, 천문학 그리고 역사와 함께 예술원의 교육에 미술교육이 포함되어야 한다고 주장하였다. 예술원은 회원들에게 미술 법칙을 강의하고 생물 드로잉 코스를 교육할 의무를 지녔다(박정애 역, 1996, pp. 59-61). 예술가들은 과학자와 마찬가지로 시각화 방법을 사용하였다. 뉴턴의 광학에 영감을 받아 야곱 크리스토프 르 블론Jacob Christoph Le Blon은 삼원색(노랑, 빨강, 파랑)의 조합으로 다색 판화를 찍는 기법을 발명하였다(김승윤 역, 2002). 18세기 학생은 실물이 아니라 스승의 드로잉을 보고 드로잉 작업을 하였다. 이것은 미술교육의 첫 번째 단계이다. 다음 단계가 되면 벽에 걸린 석고상을 보고 드로잉을 했다. 드로잉의 모든 요소들은 미술교육의 모든 것이 그렇듯이, 백과전서의 모든 것이 합리적으로 정렬되었다. 현대의 미술 학교처럼 당시 아카데미는 대학 대신 가는 곳이었다(장호연 역, 2006).

요하네스 페르메이르, 우유 따르는 여인, 1658~1660

4) 19세기

산업화 이후 대량생산에 의한 예술적 특징이 감소하고, 사회적으로 훈련된 디자이너가 요구되면서 19세기에는 전문적인 미술교육기관이 설립되기 시작했다. 프랑스의 장식미술학교와 독일의 공예학교에서 장인을 양성하고 영국에서는 디자인 학교를 설립하여 미술을 산업에 이용하고자 하였다. 페스탈로치(Pestalozzi, 1746~1827)는 자신의 기초수업과정에 소묘수업을 포함시켰다. 자연물을 소묘의 최상의 모델로 여기던 루소Rousseau의 영향을 받은 페스탈로치는 자연의 현상을 최고의 모델이라고 생각했으며, 자연을 사실적으로 표현하기 위해서는 소묘의 기초적인 연습이 우선 이루어져야 한다고 믿었다. 페스탈로치의 기초소묘를 자연물을 사생하기 위한 도구로 보던 관점이 변화되면서 19세기 독일 미술교육에서는 독립된 영역으로 정착하게 되었다. 명작에 대한 모방의 숙련 정도와 인체묘사가 이 시대 소묘수업의 가장 핵심적인 수업 목표였기 때문에 이를 위해 학생들을 위한 소묘방법에 관한 참고자료도 여러 가지로 개발되었으며, 1871년에는 인문학교에서도 필수과목이 되었다. 1872년 프로이센 지방에서는 초등학교 교육과정에서 소묘가 필수과목으로 지정되었으며, 지도서가 만들어져 1875년 『초·중등학교의 소묘수업』이라는 지도서가 출간되었다. 미국에서는 영국 미술교사인 스미스Smith와 페스탈로치의 미술교육 방법을 체계적으로 프로그램화하여 그림 지

폴 세잔, 사과와 오렌지, 1895~1900

도에 합리적인 방안을 제시하였다.

19세기 소묘수업이 수업내용인 예술성과는 무관하게 기능과 이론 위주의 교육내용에 치우쳐 있었지만, 예외적으로 프뢰벨Fröbel은 모사기능에만 가치를 부여하지 않은 학자였다. 그는 소묘활동을 통해 아동들이 자신의 내적인 경험을 표현하게 하고 자신의 창의력을 신장할 수 있도록 해야 한다고 하였다.

5) 20세기~현재

20세기는 미술교육의 독립성을 강조하고 미학의 지도, 창의력 중심의 교육 등을 미술교육의 목표로 삼아야 한다는 주장이 강조되었다. 랑에Lange는 문화의 재발견과 발전을 위해 예술 애호가들의 의식구조 변화를 주장하였다. 소묘활동이 단지 기하학적 표현이나 문학적 표현처럼 도식화된 표현활동에 그쳐서는 안 된다고 보았으며, 타원형보다는 달걀을 그리도록 지도해야 하고, 기억화를 그리거나 연필 이외에 붓으로도 소묘를 하도록 지도했다. 랑에의 미술교육 목표는 미적 활동 중에 흥미를 유발시킴으로써 미적 감각이 신장되도록 하는 것이다. 학문과 기술의 발전과 더불어 인간교육의 중요성이 주장되면서 미술교육은 인간교육에 있어 중요한 위치를 차지하게 된다.

오스트리아의 미술교육자인 치젝Cizek은 미술교육의 목적이 미술가를 양성하는 데 있는 것이 아니라 아동들이 발견하고 느꼈던 것을 표현하면서 아동들의 창의력이 자연적으로 계발될 수 있도록 하는 것이라고 보았다. 아동들이 자신의 개인적이고 창의적인 방법으로 자신을 표현할 수 있다는 관점은 듀이의 미술교육에 대한 관점과 함께 미술교육의 큰 흐름이 된다. 브리티시Britisch는 예술적 수준이 수준 높은 판단력에 의해 정해지기보다 시각적 예술품이나 아동화 속에서 경험세계 표현의 유사성에 의해 정해지는 것이므로, 미술교육자는 아동의 작품을 아동의 수준에 맞추어 평가해야 한다고 하였다. 1940년부터 발간된 미술교육의 서적들은 '창의성'을 중시하였으며, 창의성에 대한 연구는 자연과학의 발달로 심리학이 실험적, 실증적인 방법으로 연구되었다. 아동화가 아동심리학 분야에서 자료로 활용되면서 프로이트Freud와 융Jung의 영향을 받은 대표적인 미술교육자로 로웬펠드Lowenfeld와 리드Read가 있다. 로웬펠드는 듀이의 진보주의 철학과 프로이트의 정신분석학, 피아제Piaget의 아동심리학 등의 이론을 기초로 치젝의 미술교육 관점에 영향을 받아 아동에게 잠재되어 있는 창의성 계발을 위해 아동의 자발적인 표현을 강조하였다. 또한 로웬펠드는 아동의 조화로운 발달과 창의력 계발에 관심을 가졌으며, 창의적 인간교육을 위한 매체로 미술을 활용하였다(김정희, 1998).

1970년부터 전문적인 미술교육 수업이 강조되면서 미술시간에 작품의 제작활동과 미학이나 미술사에 관한 이론들이 논의되어 작품의 제작활동까지 반영되도록 하여 미적 감각을 육성하도록 하는 데 중점을 두었으며, 포스트모더니즘, 다중지능이론 등의 영향으로 미술교육의 다원론적인 연구에 따른 다양한 미술교육 프로그램이 개발되어 적용되고 있다. 그 외 학문에 기초한 미술교육인 DBAEDescipline-Based Art Education와 미적 교육aesthetic education, 미술치료art therapy, 우뇌 계발 미술교육, 다문화 미술교육multicultural art education, 레지오 에밀리아Reggio Emilia 프로젝트 미술교육 등이 있다.

피에트 몬드리안, 빨강 파랑 노랑의 구성, 1930

2. 아동미술 사상가

1) 로웬펠드

로웬펠드(Lowenfeld, 1903~1960)는 히틀러가 태어났던 오스트리아 린츠에서 1903년에 태어나 레악 김나지움과 빈네제 대학을 졸업하고, 표현주의와 분리파 운동의 본거지인

빈에서 맹아와 약시아 등을 가르치다가 1938년 35세에 나치의 반유대정책으로 미국으로 이주하였다(Smith, 1982). 1939년 미국의 햄프턴 전문학교에 근무했으며, 1949년 펜실베이니아 주립대학 미술교육과 교수로 재직했다.

로웬펠드의 사상적 배경은 첫째, 경험주의적 심리학자였다. 심리학의 측면에서 영향을 준 학자는 프로이트이다. 프로이트의 『꿈의 해석Die Traumdeutung』에 나타난 인간의 내부적 표현이나 자기표출 등은 로웬펠드에게 영향을 미쳤으며, 심리학적 연구방법을 미술교육 연구에 적용하게 되었다. 그는 심리학적 지식과 배경을 토대로 어린이 미술표현의 발달단계와 시각형, 촉각형 이론을 확립하였으며, 어린이의 작품 속에 나타난 자기표현과 창의적 가능성에 대하여 연구하였다. 1920년대와 1930년대에는 일반교육에서 어린이중심 교육이 제기되었고 회화에서는 표현주의 운동이 전개되었다. 이러한 사회적 상황과 더불어 미술교육의 관심이 어린이의 자기표현과 독창성에 집중되기 시작하였다. 대표적인 학자인 치젝은 창의적인 힘이 어린이에게 내재해 있다고 하였다. 이런 입장은 어린이가 마음의 눈으로 본 것을 그리는 것이지, 그려야 하는 것이나 이미 생각한 것을 그리는 것이 아니라는 것이다(Lanier, 1983). 창의적 미술수업의 아버지인 치젝은 그 당시의 아카데믹한 지도방법인 엄격한 디자인 훈련같은 지도방법을 반대하였다. 반면에 그는 어린이의 창의적 자기표현을 강조하는 자유표현을 주장하는 교육자였기 때문에 자유방임교육자라는 비난을 받기도 했다. 그는 1920~1930년 사이에 오스트리아 빈네제에서 활동하면서 자유표현에 따른 새로운 지도방법을 창안하였으며, 미술교육을 위한 학생중심적인 발견학습 모델을 제기하여(Smith, 1985), 미술교육에 일대 전환점을 제시한 학자였다. 이러한 치젝의 진보적인 이론을 심리학적이고 과학적인 연구방법을 이용하여 체계적으로 확립한 학자가 로웬펠드이다.

둘째, 순수미술을 경험한 화가였다. 로웬펠드가 살았던 비엔나는 유럽 미술의 중심지로서 분리파 운동과 표현주의 운동이 일어났던 도시였다. 그가 활약하던 당시의 미술사조는 초현실주의와 추상표현주의였기 때문에 순수미술과 창작활동을 경험할 수 있었다. 그는 표현주의 화가로서 당시 그의 작품에는 독일 표현주의와 입체파의 영향이 드러나 있다(Hausman, 1982). 로웬펠드가 미국으로 건너왔을 당시는 추상표현주의가 새로운 경향으로 풍미하던 시기였다. 그래서 미술이론도 자연스럽게 새로운 예술사조와 보조를 같이하게 되었다. 로웬펠드가 1947년 미술교육에 관한 이론을 처음 출판하였을 때, 미술에 관한 그의 생각은 추상표현주의와 일치한다고 할 수 있는데, 그것은 표현양식의 개인적이고 내성적인 성격과 잘 조화되어 있었기 때문이다(Parks, 1989).

셋째, 인도주의 정신이다. 1, 2차 세계대전을 겪는 과정에서 로웬펠드의 내면에는 인도주의 정신이 싹트게 되었다. 그의 생활과 경험에 비추어 모든 면에서 인도주의자였기 때문에 이러한 그의 사상적 배경이 그대로 미술교육에 반영되었다는 것이다. 또한 로웬펠드는 듀이Dewey의 민주주의 교육을 지지했으며(Stokrocki, 1982), 창의성 발달 이외에도 인간의 모든 능력을 옹호했고, 햄프턴 교사 시절 흑인의 인권과 사회적 공헌을 강조하여 자긍심을 심어 준 점 등은 로웬펠드의 인도주의 정신을 엿볼 수 있게 한다(최윤재, 1993).

넷째, 진보주의 철학이다. 진보주의 철학의 대표자인 듀이는 아동중심 교육을 강조하였는데, 이러한 견해와 입장을 같이한 미술교육 학자로 로웬펠드와 리드 등을 들 수 있다. 로웬펠드는 진보주의 철학의 영향을 받아 미술교육에서 아동중심교육, 자유롭고 자발적인 표현, 교사의 간섭 배제 등을 지적하였다. 미술교육에서 창의성과 아동중심적 접근법을 강조한 것도 진보주의 철학의 영향으로 볼 수 있다. 이러한 사상의 맥락은 일찍이 루소와 치젝, 듀이, 다미코Damico 등에서 찾아볼 수 있다. 미술교육 방법에서 아동중심 접근은 치젝에 의해 혁신적으로 연구된 것이 로웬펠드로 이어져 체계적이고 과학적인 연구로 발전하였다. 로웬펠드는 미술과 미술교육을 구분하였다. 미술이 제작 결과와 무엇을 만들었는지에 관심을 가지는 반면, 미술교육은 과정중심으로 어린이가 어떻게 작업하는지에 관심을 두었다.

(1) 발달단계

로웬펠드는 어린이의 발달단계를 중요시하였으며, 성장하면서 일정한 단계를 거쳐 발달한다고 하였다. 따라서 미술교육은 어린이의 일반적인 발달단계를 정확하게 연구하고 그에 맞는 주제, 동기부여, 재료 등이 주어져야 한다고 보았다. 그렇다고 개인의 차이를 무시하는 것이 아니라 발달단계를 개인 간의 차이를 인식하기 위한 출발점으로 삼아야 하며, 적절한 지도를 위해 일반적인 발달에 대한 이해가 있어야 한다고 주장하였다. 로웬펠드의 미술표현 발달단계는 〈표 2-1〉과 같다.

표 2-1 로웬펠드의 미술표현 발달단계

단계	연령	특징
난화기 (The Scribbling Stage)	2~4세	• 무질서한 난화기: 유아들은 주변 환경에 감각이 접촉하면서 그 반응으로 그리기 시작하며, 무의식적으로 표현한다. • 조절하는 난화기: 동작이 반복되면서 시각과 근육 활동 간의 협응이 시작된다. 선이 일정한 반복으로 나타난다. • 명명하는 난화기: 무의식적인 접근이 의식적인 접근이 되면서 자신이 그린 난화에 이름을 붙이기 시작한다.
전도식기 (The Pre-schematic Stage)	4~7세	• 표현된 것과 대상과의 관계를 발견하기 시작하며, 아는 것을 그린다. • 반복을 통해 한정된 개념을 발달시킨다. • 주로 인물, 나무, 해, 산 등을 그리며 모든 것을 자기중심적으로 표현한다.
도식기 (The Schematic Stage)	7~9세	• 자신과 대상과의 관계를 공식화하고 그것을 도식화하여 표현한다. • 중요한 부분을 과장하고 중요하지 않는 부분을 생략하며 주관적인 인물과 공간개념을 표현한다. • 기저선이 나타나며, 하늘과 땅을 구분한다.
또래집단기 (The Gang Age)	9~11세	• 또래집단의 의사를 존중하고 도식으로부터 벗어나기 시작하며, 세부표현이 나타난다. • 중첩과 기저선 사이의 공간을 인식하게 되며 앞에서 본 모습을 표현한다.
의사실기 (The Pseudo-Natura listic Stage)	11~13세	• 사실적으로 표현하려고 노력하며, 시각형과 촉각형으로 나타나기 시작한다. • 원근감과 비례, 배경 등을 표현한다.
결정기 (The Period of Decision)	13~17세	• 환경을 창의적으로 받아들이며, 시각형, 촉각형, 중간형으로 구분하여 표현한다. • 시각형은 외형과 명암, 원근, 비례, 배경 등을 중시한다. • 촉각형은 내적 정서의 표현과 색채, 공간표현이 주관적이다.

(2) 지도방법

로웬펠드는 어린이의 조화롭고 전체적인 성장을 위해 어린이의 발달단계를 이해하고 그에 알맞은 동기부여와 지도가 이루어져야 한다고 보았다. 어린이들은 경험과 표현에 대한 자신의 세계를 가지고 있으므로 이미지와 대상을 그리는 방법을 제시하지

말고 스스로 도식과 상징을 발견하도록 하자는 입장이다. 동기부여와 미술활동의 목적은 어린이들이 어떤 수준에 있든지 그 수준에 머물도록 하거나 그들이 비탐구적인 상징과 도식으로 탈피하도록 놓아두는 것이 아니고, 미술표현 단계에서 다음 단계로 안내하는 것이다. 이것은 어린이들이 사고의 폭을 넓히는 것이다. 이러한 동기부여에는 각자에게 다르게 부여하는 방법과 전체에게 동시에 부여하는 방법이 있다. 전자의 방법이 더 바람직하지만 후자의 방법도 개인적 자기표현을 방해하는 것은 아니며, 그 방법은 주제와 재료 등에 따라 결정되어야 할 것이다. 그는 동기부여를 주제와 관련된 질문을 던지면서 시작하였으며 그리는 동안 어린이를 방해해선 안 되고, 어려움을 겪고 있다면 교사가 알맞게 도와주어야 한다고 보았다(이규선 외 공역, 2000).

2) 아이스너

아이스너(Eisner, 1933~2014)는 초등학교 시기에 미술교과에 관심이 매우 많았으며, 학급에서 미술가로 불릴 정도로 미술에 뛰어난 소질을 보였다. 3학년 때 담임 선생님은 아이스너의 어머니에게 미술학교에 입학시킬 것을 제안하였고 그의 어머니는 제안을 받아들였다. 그는 초등학교 때부터 고등학교 때까지 그곳에서 미술을 공부할 수 있었으며 미술교과는 그에게 깊은 만족을 주는 과목이었다. 아이스너는 미국 시카고 서부에 있는 유대인 지역사회에서 자랐다. 1950년대에 시카고 서부에서 북부까지 유대인의 대이동이 있었지만 그가 살던 시카고 서부는 생활하기에 적합한 곳이었다. 그는 흙과 석고 또는 물감을 가지고 행복한 소년기를 보냈다. 아이스너는 미국 시카고 대학교에서 공부하는 동안 어린 시절을 보냈던 미술실로 돌아와서 흑인 어린이들과 청소년들에게 미술과 공예를 가르치기도 하였다. 예술적이고 지적인 어머니와 사회주의자인 아버지의 영향으로 아이스너는 사회의식을 싹틔울 수 있었으며 루스벨트 대학의 신진보수주의 교수들과의 만남을 통해서 새로운 의식을 갖게 되었다. 그것은 어린이의 바람직한 성장에 대한 관심이었으며 미술교육을 하겠다는 자신과의 약속이기도 하였다. 아이스너는 시카고의 칼 슐츠 고등학교에 근무하게 되면서 좋은 환경과 학생들을 만날 수 있었다. 그는 학생들의 미술활동을 지도하면서 자신도 직접 회화와 조각 등의 미술활동을 했으며, 그 경험은 그에게 기쁨의 근원이 되었다. 이러한 성취감과 관심은 아이스너가 박사학위논문 주제를 정하는 데 중요한 계기가 되었다(Eisner, 1991).

아이스너의 사상적 배경은 첫째, 본질주의 교육철학과 학문중심 교육과정의 영향을 받았다. 1957년 소련의 인공위성인 스푸트니크호가 발사되자 미국은 자국의 과학기술이 뒤떨어지게 된 원인을 교육에서 모색하였다. 학생들이 학문의 기본적인 구조와 요점을 이해하게 되면 다른 여러 문제에 직면했을 때에도 효과적으로 해결할 수 있다는 전제하에서 가르칠 기본적인 지식의 구조와 개념, 원리 등을 중시하였다. 이를 학문중심 교육이라 하는데 그 바탕은 본질주의 교육철학이다.

둘째, 지각심리학의 영향을 받았다. 아른하임Arnheim을 비롯한 지각심리학자들은 사람이 대상들의 특징을 지각하고, 비교하며, 대조할 수 있는 과정을 지각의 분화(perceptual differentiation)라고 부르며, 어린이들의 이러한 지각능력은 학습에 따라 발달하고 경험에 의해 영향을 받는다고 보았다(김춘일 역, 1980).

(1) 교육과정

아이스너는 교육과정을 학생들에게 교육적 경험을 제공하기 위해 의도적으로 개발된 연속적인 활동이라고 정의하였다. 이러한 미술과 교육과정의 필요성을 살펴보면 다음과 같다.

첫째, 미술교육은 표현능력과 감수성, 시각형태에 대응하는 능력, 인간의 문화적 경험속에서 미술이 수행하는 역할을 올바르게 인식하는 능력을 키우는 데 도움을 준다. 둘째, 미술은 다양한 목적을 성취하는 수단으로 이용될 수도 있지만 분명 미술만이 제공할 수 있는 독자적인 특성이 있다. 셋째, 미술을 가르치기 위해서는 그에 맞는 교육과정이 반드시 필요하다. 넷째, 미술학습의 평가를 통해 교수학습의 성취도를 이해할 수 있고, 이를 통해 효과적인 미술교육을 할 수 있다.

아이스너는 유전적 요인보다는 교육환경의 중요성을 강조하면서 학습의 효과는 교육환경과 수업의 질에 의하여 높아진다고 보았다. 즉, 아동미술표현의 발달은 자연스러운 성장에 기반을 둔 학습보다 적극적인 지도를 수반하는 학습에 더 비중을 두었다. 또한 미술학습은 미술표현의 발달이 자연적인 성숙의 결과이기보다는 학습을 통한 결과라는 전제에서 시작된다고 할 수 있다. 아이스너는 어린이의 발달 가능성에 기회를 주는 학습환경으로 가정이나 사회, 학교를 제시하고 있으며, 교수학습이 체계적이고 조직적으로 이루어질 수 있는 곳을 학교로 보았다. 즉, 학생들의 발달은 조직적이고 체계화된 교육과정 안에서 학습을 통하여 촉진되며, 어린이 미술표현도 조직적인 학습환경과 질 높은 교사의 효율적인 수업을 통해 촉진되고 발달됨을 주장하였다.

(2) 미술과 미술교육 관점

아이스너는 미술교육이 아동이나 사회의 필요에 의해 존재하는 학문이라기보다는 미술의 본질적이고 독자적인 특성에 의해 미술교육이 성립한다고 보았다. 또한 미술의 이해를 중시하고 교육과정과 교사의 체계적인 지도, 미술문화의 이해와 비평 능력을 강조하는 이론을 전개하였다. 아이스너는 적절한 기능 지도의 필요성에 역점을 두었으며 미술이 갖는 본질, 표현의 전달성, 상상력의 표현 등을 부각시켜 미술교육의 목표가 다른 학문의 목적을 달성하기 위한 수단으로서의 역할을 해서는 안 된다는 미술의 독자성을 강조한다. 이러한 아이스너의 미술교육 방법은 창의성을 기르는 것에서 미술의 기초 개념이나 미술학습 내용을 가르치는 것으로 미술교육의 주안점을 변화시키는 데 기여하였다.

아이스너는 미술이 하나의 독립된 교과임을 주장하면서 미술을 수학이나 과학과 같이 하나의 독립된 학문으로 취급하였다. 그에 의하면 미술은 우리 문화 속 주요 자원이기 때문에 다른 학문과 공유하여 여러 가지 목적을 달성하는 수단으로 이용되어서는 안 된다는 것이다. 이 같은 입장에서 미술은 학교 교육과정 계획에 있어서 꼭 고려되어야 할 교과이며 무시될 수 없는 존재이다. 미술교육에 대한 관점에는 맥락주의 관점과 본질주의 관점이 있는데, 아이스너는 후자의 입장을 취하고 있다. 따라서 그의 입장에서 볼 때 미술교육의 목적이 다른 학문에 부수적으로 이용되어서도 안 되며 다른 교과의 목적을 달성하기 위한 수단으로 전환되어서도 안 된다. 미술교육의 중요한 공헌은 미술의 본질에 관련되어 있으며 일반적으로 미술교육의 목적은 미술의 독자성에 근거를 두어야 한다는 것이다(최윤재, 1993).

(3) 교육방법

DBAE 교육방법의 중요한 특징은 미술교육을 학문교과로 인식한다는 것인데 여기에 처음부터 공헌한 학자가 아이스너이다. DBAE 교육의 교육목표는 미술실기, 미술비평, 미술사, 미학 등의 영역에서 나온다. 교육과정 학자로서 아이스너는 이 접근에 대해서 네 가지 영역의 학습의 중요성을 주장하였는데 그는 계열적 특성을 지니고 있는 학습 프로그램에 가치를 부여하였으며, 미술 프로그램은 목표 지향적이어야 하고 목표 지향적 프로그램은 평가되어야 한다고 했다. 그리고 학교는 이 목표를 달성할 수 있는 일반적 접근법을 채택해야 한다고 주장하였다. 아이스너의 관점에서 볼 때 전체적인 교육과정 구조 속에서 중요한 것은 수업이다. 그는 교육과정과 수업을 교육의 핵심으로 보고 있다. 교육과정이 수업에 적용될 수 있는가는 아동에게 교육적으로 가치 있는 경험을 어느 정도 제공해 주느냐에 달려 있다. 그는 체계적인 교육과정을 바탕으로 교사의 적극적인 지도를 강조하였다. 교육은 교육내용과 학생, 교사에 의하여 이루어지지만 교육의 질이 교사의 질을 넘어설 수 없다고 볼 때 교사에 의한 수업이 중요하다는 것이다. 미술교육에서 중요한 것은 무엇을 가르칠 것인가의 교육내용을 설정하여 아동의 발달수준에 맞게 조직하는 것이며, 그것이 수업을 통하여 체계적인 교육활동으로 이루어져야 한다는 것이다. 아이스너는 미술을 본질적인 가치가 있는 하나의 학문의 체계로 인식하여 이를 체계화하려고 노력하였으며, 미술교육을 다른 일반 목표를 달성하기 위한 수단으로 보지 않고, 그 자체에 본질적인 가치가 있는 활동임을 강조하였다. 미술은 분명 그 자체가 의미를 갖는 교과이며, 인간에게 기여할 수 있는 미술만의 영역을 가지고 있다. 미술은 인간에게 중요하며 다른 교과가 기여할 수 없는 측면을 가지고 있기 때문에 하나의 교과로 존재할 수 있다. 그러한 미술교육의 위상 정립은 미술교육학의 가능성을 시사하는 것이다.

3) 허버트 리드

현대 예술교육학에 지대한 영향을 미친 영국 출신의 허버트 리드(Herbert Read, 1893~1968)는 시인이자 미술비평가, 예술교육이론가였다. 그는 아동미술에서 보이는 이미지들의 보편적 양상과 융의 심리학에서 제시하는 전형적인 상징들을 동일시했다. 그는 상징들은 모든 인간이 공유하는 집단적 무의식 속에 존재하는 것으로 인격 완성 및 사회적 조화 등 모두의 근거가 된다고 하였다(박정애 역, 1996).

(1) 예술관

허버트 리드는 아동미술은 아동이 가진 특별한 인성유형과 정신의 무의식으로부터 그들의 방식을 찾아낸 최초 원형 이미지의 조정에 의하여 영향을 받는다고 하였으며, 예술이란 예술과 교육의 복잡한 혼합으로 교육적 과정, 양육의 과정을 의미하고 교육에 관하여 자기 창조의 예술적 과정을 의미한다고 하였다. 리드는 예술을 어린이가 살고 있는 사회의 규칙과 그의 내적 세계와의 조화를 성취하기 위하여 인간이 통과해야 하는 일반적인 원칙에 근거하고 있다고 보았다.

첫째, 인간 성장은 다양한 경험과 관계성에서 이루어지는 것이며, 그 가치와 성취는 예술을 통해 이루어진다.

둘째, 루소가 '어린이는 오직 사물에 의지해야 한다'고 했듯이 어린이는 그들의 감각을 통해 사물과 직접적인 접촉을 함으로써 배워나가야 한다. 그것은 교육이 '사물들 속에서의 교육'이어야 한다는 원칙을 말한다.

리드는 아동미술의 특성은 인간이 진화하는 가운데 하나의 원형으로 인간의 정신 속에 흔적으로 남겨진 것이라고 하였다. 예를 들어, 만다라, 동그라미, 별모양 같은 상징은 그들이 살고 있는 문화와 상관없이 아동화에 재등장한다고 주장한다. 이 재현되는 상징은 인간 공통성의 증거이며, 예술의 잠재력의 증거라고 하였다. 리드의 예술교육은 '예술을 통한 인간교육'이다. 인간에게 있는 자발적 창의력의 억압은 사회적인 역기능으로 인한 인간성의 상실을 초래할 수 있다. 하지만 예술교육을 통해 자발적 창의성을 키움으로써 인간성을 회복하고 통합시키는 데 도움을 줄 수 있다. 이것이야말로 예술교육의 진정한 의미를 이해하고 그 역할을 감당하는 것이다.

(2) 교육목적

리드는 미술교육의 목적이 개인과 사회의 조화에 있으며, 예술성의 함양 및 과학과 예술의 조화에 중점을 두었다. 또한 교육은 규범적인 도덕성을 일방적으로 요구하는 것으로는 효과를 기대하기 어렵고 창의적 표현활동과 미적 경험과정을 통해 형성되는 덕성이 의미 있다고 하였다. 미술교육은 창의적인 표현능력을 신장하는 과정과 미술작품의 감상 과정도 교육적으로 중요한데, 리드는 미술작품을 감상할 때 얻어지는 경험들은 표현을 통해 얻어지는 것 못지않게 인격형성에 근거가 될 수 있으며, 작품에 대한 공감과 감정이입이 발생하고 작품에 자신을 투영함으로써 예술적 품성이 형성된다고 주장하였다.

리드의 미술교육은 인간에게 표현 욕구를 만족시키면서 창의적인 능력을 함양하는 교육이다. 미술표현을 통해 욕구를 충족시키는 교육은 인간의 감성과 이성적인 요소가 조화를 이루어 전인적인 인간을 형성할 수 있다.

제3장

아동화의 이해

1. 아동화 발달단계

1) 로웬펠드 발달단계

미술교육에 가장 영향을 많이 끼친 학자 중에 한 명인 로웬펠드Rowenfeld는 심리학자이자 화가로 직접 아동을 지도하면서 아동화의 발달단계를 분류하였다. 그는 아동이 태어나 처음으로 끄적거리는 난화기부터 청소년기에 이르기까지 발달단계를 단계적으로 분류하여 다음와 같이 제시하였다.

(1) 난화기(The Scribbling Stage, 2~4세)

난화기는 무질서한 난화기, 조절하는 난화기, 명명하는 난화기로 구분되며, 이 단계는 무엇인가를 그린다는 목적보다는 감각이 주변 환경과 접촉하면서 그 반응으로 그림을 그린다. 시각과 손의 근육 운동의 협응이 시작되면서 불규칙한 선을 그리고 즐기는 것에서 점차 발전되어 그림에 어떤 상징적인 의미가 나타나고 자신이 그린 그림에 대해 이름을 이야기하기 시작한다.

(2) 전도식기(The Pre-schematic stage, 4~7세)

무의식적인 표현과정에서 점차 의식적인 표현과정으로 옮겨지는 상징적 도식의 기초 단계이다. 이 시기의 특징은 표현된 것과 대상과의 관계를 발견하기 시작하는 것이다. 인물이나 공룡, 동물, 전쟁, 경험했던 것을 그린다. 그림은 자기중심적이며 추상적인 내용이 많은 것이 특징이다.

(3) 도식기(The Schematic stage, 7~9세)

자신과 대상과의 관계를 공식화하며 이를 도식적으로 표현한다. 사물의 특징을 객관화시키려는 노력이 엿보이며, 인물이나 사물에 대한 개념의 부족으로 반복되는 형태가 나타나면서 도식화한다. 또한 이 시기는 공간개념이 싹트기 시작하고, 공간에 대한 분명한 질서가 이루어지면서 기저선을 활용한다. 중요한 부분은 과장하고 중요하지 않은 부분은 생략한다.

(4) 또래집단기(The Gang Age, 9~11세)

또래집단의 의사를 존중하고 도식적 표현에서 벗어나 세부표현을 하기 시작한다. 이 시기의 아동들은 시각과 지각의 발달로 객관적인 상태에서 사물을 관찰하며, 주변 환경에 대해 관심을 가진다. 도식적 표현과 사실적 표현이 함께 나타나는 경우가 많으며, 율동적이고 장식적인 그림을 그리지만 대담성이나 자신감을 점차 잃어 가는 경향이 있다.

(5) 의사실기(The Pseudo-Naturalistic stage, 11~13세)

사실적으로 표현하려고 노력하며 시각형과 비시각형의 경향이 나타나는 시기이다. 모든 묘사가 운동감이 많아지며, 삼차원적 표현을 하며 원근법이 나타난다.

(6) 결정기(The Period of Decision, 13~17세)

창조적인 그림을 그리는 시기이며 주변 환경을 창의적으로 받아들여 표현이 촉각형,

시각형, 중간형으로 나타난다. 시각형은 외관과 비례, 명암, 배경, 원근 등을 중요시하여 주변 환경과 자신의 눈을 통해 알고 느낀 것을 표현한다(이규선 외, 2000).

2) 리드 발달단계

(1) 낙서기(scribbling, 2~4세)

무의미한 끄적거림이 나타나는 시기이며, 점차 무엇인가를 생각하는 의미 있는 끄적거림으로 발전해 가는데 단계별로 제시하면 다음과 같다.

① 맹목적 낙서: 어깨에서 시작되는 순수한 근육 운동에서 오는 것으로 아무런 목적이나 의식 없이 마구 휘젓는 행동의 결과로 보인다. 이때는 대개 오른쪽에서 왼쪽으로 그리는 형태가 많이 나타난다.

② 유목적 낙서: 낙서에 어떤 목적이 생기기 시작하는데 이것은 어른들이 생각하는 명확한 형태의 목적이 아니며, 나름대로 끄적거리는 행동에 그림을 그린다는 의미를 두고 막연하게나마 주제도 생각하게 되는 시기이다.

③ 모방적 낙서: 여러 가지 근육 운동이라고 할 수 있는 행동에서 점차 팔의 움직임으로 옮겨가는데 그것은 단순한 팔목 운동이 아니라 어느 정도 의식적인 사물의 묘사 행동인 것이다. 이것은 사실적 묘사에 중대한 영향을 끼치며 어떤 형태가 나타나기 훨씬 전에도 가능하다. 끄적거리기의 형태도 의도하는 바가 있어 의도적인 끄적거림이 표현된다.

④ 국부적 낙서: 사물의 부분을 점차적으로 묘사하려는 뜻이 담겨 있고 이러한 행위는 다음의 묘사 단계로 옮기려는 행동으로 의도적인 끄적거림으로 나타난다. 추상적이며 상징적인 도형으로 현실감이 있고 생명력을 가진 형태를 만들려고 한다. 이러한 현상은 계속되거나 다른 형태를 만들어 가려는 경향으로 나타난다.

(2) 선묘 시기(line stage, 4세)

시각적인 조절이 진보하고 사람의 모습을 많이 그리는 시기이다. 그 표현은 원으로 된 머리, 그 속에 두 점으로 표현되는 눈, 한 쌍의 선으로 이루어진 다리, 몸을 나타내는

원, 팔을 나타내는 두 개의 선으로 그려 이루어질 수 있게 되며, 일반적으로 손보다 다리를 먼저 그리는 경우가 많다. 그러나 각 부분의 완전한 형태가 이루어지지 않고 있다.

(3) 묘사적 상징기(description symbolism, 5~6세)

모양은 점차로 정돈되지만 소박한 상징적인 낙서를 하는 시기이다. 사람의 묘사는 할 수 있는 단계이지만 아직은 미숙하고 묘사력이 부족해서 상징적 도식일 뿐이고 얼굴의 모습도 매우 혼란스러운 묘사에 그치는 시기이다. 그러나 사물에 대해서는 자기중심적인 사고가 지배하기 때문에 자기가 느끼는 대로 자신의 형태를 그린다. 이 도식의 형태는 각 아동마다 조금씩 다르게 나타나는데 이러한 도식들은 상당히 오랫동안 반복되어 나타난다. 자기가 좋아하는 형태는 언제나 즐겁게 반복해서 그리는 경향이 있다.

(4) 묘사적 사실기(description realism, 7~8세)

사물을 보고 그릴 수 있을 정도로 대상을 인식하게 되지만, 보이는 대로 그림을 그리는 것이 아니라 주관적인 지식에 의해 자신이 기억하고 있는 것을 그리게 된다. 이것은 자기중심적인 경험의 표현이며, 표현 대상 중에 관심이 있는 것이 묘사의 대상이 된다. 그 묘사는 상당히 세부적으로 이루어지는데 사실에 가깝게 묘사할 수 있으며, 장식적인 표현에 흥미를 갖기 시작한다.

(5) 시각적 사실기(visual realism, 9~10세)

자기중심적 생각에 의한 그림에서 점차적으로 탈피하여 자연물에 관심을 기울이기 시작하면서 사물에 대한 관찰력이 예민해진다. 조금은 대상을 닮게 그리려고 윤곽선을 바르게 그리는 것뿐만 아니라 2차원의 시기를 거쳐 3차원의 시기로 발전하게 되는 과정이다. 또한 평면적인 표현에서 벗어나 명암을 넣어 입체적인 면을 나타내려고 하며, 중복과 투시법에도 주의를 기울이기 시작하고, 멀리 있는 것과 가깝게 있는 것을 표현해 내려는 원근법을 알게 된다.

(6) 억압의 시기(repression, 11~14세)

대부분의 아동이 자연스럽게 열심히 그리던 자신의 그림에 환멸 같은 것을 느껴 그림을 그리기 싫어하게 되며 흥미를 언어 매체로 돌리는 시기이다. 이는 자신의 그림에서 객관적인 사실을 추구하게 되는데, 표현능력의 부족으로 인해 그림이 대상과 다르게 표현되었음을 인식하여 실망을 느끼게 되는 발달단계의 한 과정이다. 이로 인해 그림에 흥미를 잃게 되는 아동의 수가 상당히 많아지는데, 드물게 도안이나 사람의 모습에 계속해서 흥미를 느끼는 어린이들도 있다. 또한 언어를 소재로 한 동화, 소설 등의 줄거리가 그림에 나타나는 경향도 보인다.

2. 아동화의 특성

1) 표현적 특징

(1) 미분화 표현

미분화란 사물과 사물의 관계가 구분되지 않은 상태를 말한다. 어떤 대상과의 관계를 상하, 좌우, 원근, 크기, 위치 등이 현실세계와 달리 열거식으로 나타난다. 미분화된 표현은 난화기를 거쳐 5~6세에 나타나는데, 여러 가지 사물을 시공간적으로 관련짓는 능력이 미숙할 때는 집보다 더 큰 꽃을 그리거나 친구보다 꽃을 더 크게 그리기도 하며, 말 탄 사람을 그릴 때 사람이 말 위에 떠 있는 것 같이 표현하기도 한다.

인어공주, 5세 여아

인어공주, 6세 여아

(2) 의인화 표현

아동화는 아동의 경험뿐만 아니라 그들의 공상이나 환상도 나타내고 있다. 그런 공상이나 환상에서는 모든 만물이 사람과 같은 생명을 갖고 표정을 짓거나 행동을 하는 것으로 표현한다. 일종의 애니미즘 현상으로서 생물이나 무생물도 감정이 있는 것처럼 그것의 표정에 희로애락을 표현한다.

생일, 7세 여아

친구, 7세 여아

(3) 동시성 표현

표현하고자 하는 대상의 비례나 시간, 공간, 방향, 위치 등이 하나의 화면에 동시에 표현되는데 이런 현상을 동시성(synchronism) 또는 시점 이동의 표현이라고 한다. 현재 시각적으로 보고 있는 바를 그리는 방식이 아니라 과거나 현재, 미래의 것들을 구분 없이 한 화면에 동시에 그리는 방식이다.

상상화, 6세 남아

상상화, 7세 남아

(4) 투시적 표현

아동화는 아동의 다양한 생각과 경험을 그림으로 표현한 것인데, 아동은 경험했던 내용을 형태나 원리에 적용해서 그리기보다는 사고 자체를 그리기 때문에 보이지 않는 것도 보이는 것처럼 그리기도 한다. 건물 밖에서 보면 내면이 보이지 않지만 내면을 보고 있는 것처럼 그리는 것을 뢴트겐Röntgen 화법 또는 엑스선X-ray 화법이라고 한다.

우리 집, 6세 여아

달팽이 집, 7세 남아

(5) 대칭적 표현

아동화는 화면을 수직이등분으로 구분해서 대칭적으로 표현하거나 물체를 상하 또는 좌우로 배열하여 대칭적으로 표현하는 예가 많다.

우리 동네, 6세 여아

기차, 8세 남아

(6) 과장된 표현

그림에서 아동은 마음의 눈으로 과장하거나 생략하여 표현하거나, 강한 인상을 받거나 중요하다고 생각하는 것을 크게 그리고 중요하지 않다고 생각하는 것은 작게 그리기 때문에 시각적 원근감이 무시되는 경우가 대부분이다.

달팽이 배, 7세 남아

변신, 8세 여아

(7) 초현실적 표현

아동들이 상상하는 내면 세계는 시공간을 초월하여 나타나고 있으며, 아동이 공주나 왕자로 변화거나 미래전사로 변신할 수 있는 자유로운 사고를 표현한다(권상구, 1999). 아동의 생각은 구체적이기보다는 추상적인 경우가 많으며, 사고의 발상도 다양하고 무엇이든지 가능하다는 개념을 지니고 있다.

우주, 9세 남아

바다 용, 10세 남아

(8) 기저선 표현

아동은 기저선으로 땅과 하늘이라는 독특한 공간을 구분하여 표현한다. 기저선은 하나의 선으로 나타내는 것이 보통이지만 두 개 이상으로 표현할 때도 있다. 아동은 기저선을 기준으로 땅이나 하늘에서 일어나는 일을 표현하고 이를 통해 생각을 구체적으로 표현하는 능력을 기를 수 있다.

우리 집, 7세 여아

우리 집, 8세 남아

(9) 전개도식(fold over view) 표현

아동이 다른 시점에서 경험한 것을 동시에 한 화면에 그리는 것을 말한다. 이것은 동시성의 한 형태로 볼 수 있으며, 아동이 대상이나 경험을 자신이 보는 시점을 기준으로 여러 가지 상황을 한 화면에 그리는 것이다(이규선 외, 2000).

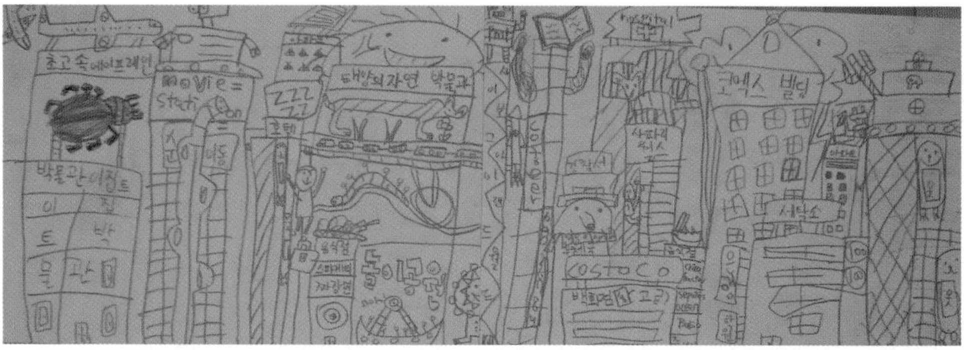

상상나라, 9세 남아

(10) 자기중심적 표현

아동은 자신의 생각을 자기중심으로 그린다. 모든 것이 자기중심적으로 표현되기 때문에 상대방이나 주변 사항 등은 크지 않게 그린다. 이집트 그림에서 왕이나 왕비가 중심이 되고 주변 사물이나 환경을 작게 표현하는 원리와 비슷하다.

놀이, 7세 여아

친구, 8세 여아

2) 일반적 특징

아동에게 미술은 행위의 일부이며, 생각을 직감적으로 표현할 수 있는 도구 역할도 한다. 생각을 직감적으로 표현하면서 손의 조작능력이 길러지면 표현이 구체적으로 변하기 시작한다. 아동의 그림과 행위를 관찰하면 언어로 표현하기 어려운 마음을 읽을 수 있으며, 잠재되어 있는 창의성과 재능을 발견할 수 있다. 아동미술의 일반적 특징을 이해하기 위해 아이스너(Eisner, 1995)의 일반적인 특징을 수정 · 보완하였다.

(1) 의사소통 수단이다

아동기는 자신의 의사를 충분히 표현할 수 있는 능력이 발달하지 못한 시기이며, 말이나 글로 자신의 의사를 분명하게 표시하기 어려울 때 자신의 생각이나 경험한 것을 나타내는 수단으로 그림을 그린다.

(2) 아동의 연령에 영향을 받는다

아동들이 작품에 사용하는 시각적 기법은 성장하면서 어느 정도 체계적인 방식으로 변한다는 것을 알 수 있다. 이 같은 변화는 자연스럽게 일어나기 때문에 아동의 미술작품의 자연스러운 발달은 정상적인 것으로 간주한다.

(3) 복잡성의 정도는 아동이 성숙함에 따라 증가한다

아동이 성장하면서 지각하고 그림을 그리면서 기법이 향상되는 것을 말한다. 이 기법이 향상됨에 따라 아동은 보다 넓게 특성을 배열할 수 있고 자신의 미술작품에 보다 포괄적으로 표현할 수 있게 된다.

(4) 성장함에 따라서 그림의 전체적인 구조와 구성력에 대한 감각이 향상된다

아동이 재료를 사용하여 어떤 미술적인 의도를 나타내고자 할 때 직면하게 되는 문제가 시각적으로 결합된 형태를 하나의 전체로 만들어 내는 것이다. 이렇게 하기 위해서는 적어도 표현한 형태들 간의 관련성에 주의를 기울여야 한다. 그러한 지각은 특성에 따라 분산될 수 있는 것으로 개개의 형태는 그것이 차지하는 배경과의 관련 속에서 지각되는 것이다.

(5) 아동은 의미 있는 형태를 과장하는 경향이 있다

아동미술을 통해 그들이 중요하게 여기는 형태를 크게 하거나 색채를 강렬하게 함으로써 과장함을 알 수 있는데, 이것은 중요하게 여기고 정서적으로 비중 있는 대상이나 생각을 먼저 그리기 때문인 것 같다. 아동들의 경우 작품의 전체적이고 표현적인 미적 특성이나 형태들의 관련성에 대한 관심은 다소 늦게 발달한다.

(6) 난화는 근육 운동과 그들의 활동에서 비롯된 시각적 만족이 표현 동기가 된다

미술 재료나 매체를 통한 아동의 움직임과 빠르기는 자극을 다양하게 하기 위해서 변해 간다. 이 다양한 움직임은 계속 자극을 가하여 불필요한 것을 제거하고 동시에 그 행동의 결과인 선(line)에 영향을 준다. 이 시기 아동 작품의 시각적 특성은 자신들에게 인식되지 않을 것이다.

(7) 아동들이 표현해 낼 수 있는 형태의 양식은 나이와 관련이 있다

리드, 켈로그 및 그 외의 연구자들은 학령 이전의 아동화에 나타나는 형태가 나이와 관련된다고 밝히고 있다(Read, 1956). 예를 들면, 원은 사각형보다 먼저 나타나고 사각형은 마름모보다 먼저 나타난다. 이러한 시각양식의 순차성의 원인은 여러 방법으로 설명할 수 있다.

(8) 분화의 정도는 그들의 개념 성숙과 관련되어 있다

어린이 그림의 분화의 정도는 구디너프Goodenogh와 해리스Harris의 연구에서 많이 구체화되었다. 구디너프에 의해 1926년에 고안된 이후에 수정을 거쳐 해리스에 의해 개량된 인물화 검사는 어린이 그림 속에 나타난 세부 묘사의 정도가 개념형성 정도를 나타낸다는 전제에 기초한다.

(9) 드로잉과 채색은 서로 다른 의도에 의한 것이다

선으로 그린 그림은 생각을 표현하기 위한 것이고 색채에 의한 그림은 느낌의 표현이다. 알슐러와 해트윅에 의하면 어린이는 연필이나 단색의 크레용보다 색채의 사용을 더 좋아하는 경향이 있다고 한다. 연구에 의하면 통제적이고 계획적인 특성을 지닌 연필이나 크레용으로 드로잉하는 것보다 유동적이고 생생한 특성을 지닌 색채가 정서적 반응을 더욱 불러일으킨다고 한다. 따라서 어린이의 인성에 대한 통찰을 얻고자 할 때, 감정과 관련된 인성의 측면은 드로잉보다 색채 표현을 관찰하는 것이 더 적절하다고 할 수 있다(Alschuler & Hattwick, 1947).

(10) 아동화의 형태, 색채, 구성은 그들의 인성 및 사회적 발달과 관련되어 있다

알슐러Alschuler와 해트윅Hattwick은 어린이가 사용하는 형태나 색채, 구성이 우연적인 것이 아니라 자신과 주변에 대한 감정의 표현이라고 지적한다. 이들의 연구와 미술치료 분야 연구는 아동화의 내용과 형식에 의해 인성을 추론할 수 있다는 가정에 근거한다. 또한 이들 연구는 정밀한 방법에 의한 보다 많은 입증 연구가 요구된다고 지적한다. 구디너프, 해리스와 같은 학자들은 치밀하게 연구해 볼수록 작품으로 개인의 성격을 알 수 있는지 의문이 생긴다고 하였다(Harris, 1963).

(11) 서로 다른 문화에 살아도 아동들이 창조하는 시각형태는 매우 유사하다

다른 문화권에 있는 어린이들의 미술을 관찰하면 그 특징이 매우 유사하고 그 유사성은 어린이가 성장하면서 줄어든다는 것을 알 수 있다. 이것은 어린이에게 영향을 미치는 문화적 기회가 많아질수록 지각능력의 특성이나 기술도 변화하기 때문이다.

(12) 아동들은 주변 대상을 관찰하고 자신의 관점에서 재구성한다

반스Banes가 지적한 내용으로, 어린이는 정물을 그릴 때 앞에 놓인 정물에는 주의를 기울이지 않는다는 것이다. 어린이의 그리기 방법에 관한 이 연구는 시각적 내용을 사실적으로 그리려는 욕구보다 상징이나 도식을 먼저 그리려 한다는 아동화 이론을 뒷받침한다.

(13) 드로잉은 청소년기에 정체되는 경향이 있다

구디너프와 해리스, 로웬펠드가 지적한 바에 의하면 사춘기 이후의 그리기 능력은 특별한 가르침이나 자기 학습이 없을 경우 발달하지 않는다고 한다. 사춘기 학생의 그림과 대학생, 성인의 그림을 섞어 놓고 이 두 가지 그림을 서로 분리해 낸다는 것은 매우 어려운 일이다. 다른 복합적인 기술과 마찬가지로 그리기 기능도 일상적인 경험의 자연스러운 과정 속에서 발달한다. 이러한 경험이 제공하는 것 이상으로 발달하는 데는 집중적인 노력과 학습이 필요하다(Harris, 1963).

(14) 아동은 형태의 배경이나 구성을 거의 생각하지 않고 오직 그려진 형태에만 집중한다

아른하임Arnheim과 피아제piaget에 의해 제시된 '부분적 해석' 또는 '집중화'의 개념은 어린이가 표현을 할 때, 어떤 형태가 다른 형태에 영향을 미치거나 영향을 받는다는 것에 대해 생각하지 않는다는 것이다. 이러한 경향은 표현 경험이 적은 어린이에게 동일하게 나타난다. 분화된 시각은 부분을 전체와 관련하여 보는 능력이며, 특히 어린이들은 특정한 부분에 집중하는 경향이 있고 그것과 관련하여 질적인 영역을 판단한다.

(15) 아동은 시각적으로 분명한 형태를 선호하며, 발달단계와 관련된 것을 좋아한다

초등학교 어린이에게 가장 좋은 그림을 선택하라고 하면 자신들이 그릴 수 있는 것보다 사실적인 그림을 선택하는 경향이 있다고 한다. 그러나 그것은 가장 사실적인 그림을 좋아하는 것이 아니라 자신의 그림보다 약간 더 사실적인 그림을 좋아하는 것이다. 어린이가 원하는 시각 정보는 사실적인 그림에서 얻게 되는 정보가 적은 것이라고 할 수 있다. 어린이는 그림을 볼 때 형식적인 구성을 감상하기보다는 그들이 생각하는 만큼의 정보를 얻는 데 필요한 부분에만 관심을 가지기 때문이다(Eisner, 1991).

3. 아동미술의 요인

아동은 타고난 재능도 있지만 외부 환경에 영향을 받아 재능이 발전할 수도, 상대적으로 퇴보할 수도 있다. 또한 아동교육에서 아동들의 정서성이나 대인관계, 자신감, 정체성, 조작능력 등을 향상시켜 줄 수 있는 아동미술은 외부 환경에 영향을 많이 받고 있기 때문에 요인을 분석하는 것은 매우 중요하다. 아동미술에 영향을 미치는 요인으로 연령이나 성(sex), 사회 · 문화적 환경, 인지발달, 신체발달, 정서발달, 미술 재료, 교사 등이 있다(이숙재, 이봉선, 김경란, 2002; 박은덕, 1997; Koster, 2001).

1) 연령

아동들은 성장하면서 그림 형태가 단계적으로 발달하는 것을 알 수 있다. 아동의 연령에 따라 나타나는 미술표현력은 아동에게 자신감과 대인관계, 창의성에 대단히 중요한 영향을 미친다. 특히 또래보다 그림을 잘 표현하지 못하거나 조작능력이 미숙하면 친구들에게 소외되거나 자신이 스스로 소극적인 성격으로 변하는 경우가 있다. 그러므로 연령에 알맞은 미술표현이나 그 이상의 표현력이 나타날 때 친구들과의 관계성도 좋아질 수 있다.

2) 성(性)

아동은 성에 따라 미술활동에서 선호하는 주제와 재료에 차이가 나타난다. 남아들은 대부분 공룡이나 자동차, 우주, 동물, 곤충 등을 선호하고, 여아들은 공주, 집, 사람, 풍경, 꽃 등을 선호한다. 박은덕(1998)이 조사한 3~11세 아동의 성별에 따른 그림 주제 선호도에서도 남아는 공룡, 우주와 로켓, 운송 수단을 선호하고, 여아는 사람, 집, 놀이터, 꽃과 나무 그리기를 선호하는 차이가 나타났다. 아동을 대상으로 성별에 따른 인물화

검사를 실시한 윌스던(Willsdon, 1977)은 여아가 남아보다 6개월에서 1년 정도 표현능력이 빠르게 발달된다고 하였다(박은덕, 1999).

3) 정서발달

아동은 미술활동을 통해 감성과 정서가 활성화되고, 이는 우뇌에 영향을 미치게 된다. 아동이 아침에 엄마에게 꾸중을 듣고 유치원에서 그림을 그리면 엄마가 화난 모습이나 엄마의 입을 말을 할 수 없도록 표현한다. 반면, 엄마에게 칭찬을 들은 아동들은 엄마의 표정을 밝게 그린다. 이처럼 아동의 미술작품에는 아동의 정서가 잘 나타나며, 아동의 정서 상태에 따라 그림의 형태뿐만 아니라 색채, 선 등에도 변화가 나타난다.

6세 여아

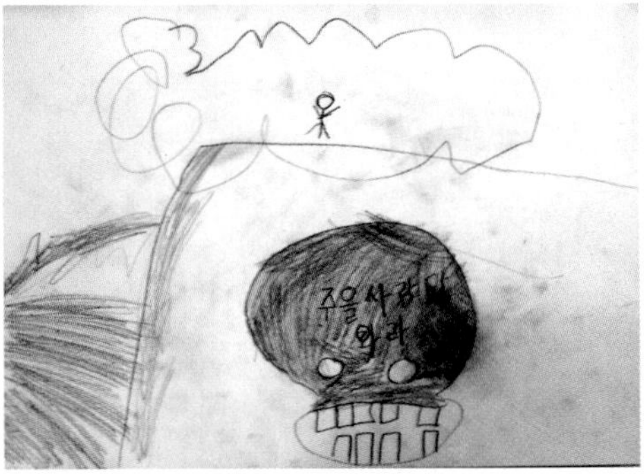

8세 남아

4) 인지발달

아동의 그림은 타고난 재능이나 주변 환경에 많은 영향을 받고 있다는 것을 알 수 있다. 이부연(1994)은 초등학교 4학년 아동을 대상으로 지능과 미술 능력의 관계를 분석하기 위해 검사 항목을 언어 능력, 수 능력, 도형 능력으로 분류하고, 미술 능력은 작품 제작 태도, 창의성, 표현력, 심미성으로 분류하여 관련성을 조사한 결과, 아동의 지능은 작품 제작 태도, 표현력과 상관이 높았으며, 창의성, 심미성과는 상관이 낮은 것으로 나타났다.

5) 신체발달

미술활동은 아동의 오감을 발달시킬 수 있다. 특히 시지각이 발달한 아동들이 손과 뇌의 협응이 잘 이루어지면 남들이 표현하지 못하는 독특한 내용의 그림을 표현하지만, 협응이 잘 이루어지지 않으면 언어적인 표현이나 자신감이 줄어드는 경우가 많다. 아동의 미술발달은 시지각 발달과 뇌와 손의 협응 능력, 대근육과 소근육 운동 능력에 영향을 받는다.

6) 사회 · 문화적 환경

아동의 미술표현은 일상생활에서 경험한 내용과 유전적인 요인이 함께 어우러져 나타나지만, 아동의 미술발달은 성장하면서 접하게 되는 사회 · 문화적 환경에 영향을 받게 된다. 아이스너는 이러한 사회 · 문화적 환경의 영향력은 아동의 초기 미술 단계에서는 크게 나타나지 않기 때문에 전세계 거의 모든 아동의 그림이 비슷한 양상으로 발전되다가 점차적으로 성장하면서 사회 · 문화적 차이가 아동미술표현에 나타난다고 주장하였다(Eisner, 1995).

7) 미술재료

아동에게 사용해 본 경험이 적은 새로운 재료를 제시하면, 자주 사용하던 재료보다 아동의 표현능력이 떨어질 수 있지만(Koster, 2001), 새로운 매체는 아동에게 미술에 대한 흥미와 관심을 자극할 수 있다.

8) 교사

브리테인은 교사의 태도를 민주적 태도, 방임적 태도, 권위적 태도 등 세 가지 유형으로 분류하여 유아의 미술수업 참여 시간을 조사하였다. 유아의 의견을 존중해 주는 민주적 교사와 함께 있을 때 유아가 가장 오래 미술활동에 참여하였으며, 명령하고 지시하는 권위적 교사가 그 다음이었고, 방임적 교사의 미술시간에는 유아들이 가장 짧게 참여하였다. 그러므로 유아에게 미술 재료를 제공하고 내버려 두기보다는 관심을 가지고 민주적으로 상호작용하는 것이 중요하다고 해석하였다(Brittain, 1979).

4. 아동미술의 평가

1) 평가 개념

교육평가는 어떤 기준을 근거로 교육의 가치를 판단하는 것으로 교육평가를 위해서는 일정한 기준이 필요하다. 평가는 주로 교육과정을 지침으로 교사가 가르친 내용을 평가하며, 평가방법은 지필검사에 의존하거나 아동이 수업시간에 보여 준 반응이나 태도, 질문에 대한 답변 또는 발표하거나 제출한 과제를 평가하기도 한다. 교사는 이를 통해 미처 발견하지 못했던 학습자의 특성이나 잠재력, 개성 등을 발견하기도 한다. 교육평가는 교육활동이 교육의 목적에 알맞게 이루어졌는지, 교육목표가 실제로 어느 정도 달성되었는지, 목표했던 결과에 도달하지 못했다면 그 이유가 무엇인지 등 교육활동 전반에 걸쳐 필요한 정보를 수집하고 분석, 판단하는 일련의 체계적 과정으로 볼 수 있다(고정곤, 최태식, 2004).

2) 미술평가 목적

아동에 대한 평가의 목적은 교육목표의 달성도를 확인하고 교육적 의사결정을 하기 위한 것으로 볼 수 있다. 아동에 대한 평가는 아동 교육기관에서 실제로 수행하고 있는 아동 교육활동이 아동의 성장과 발달을 돕는데 적절한지, 본래 의도한 목표가 어느 정도 실현되고 있는지 등 아동 교육활동의 전반적인 부분에 관하여 필요한 정보를 수집하고 분석하는 체계적인 과정이다(황해익, 2000).

3) 미술평가 방법

아동을 평가할 때 하나의 방법보다는 다양한 방법으로 평가가 이루어질 때 더욱 타당하다. 아동을 평가하는 방법은 양적 접근과 질적 접근으로 나눌 수 있다. 양적 접근은 평가대상을 수량화하여 자료를 분석하는 평가이며, 질적 접근은 평가에 관련된 당사자들의 상호 주관적인 이해에 바탕을 두고 교육 현상을 사실적으로 기술하고 해석하는 평가전략이다. 또한 아동의 평가방법은 형식적인 평가와 비형식적인 평가로 구분할 수 있으며, 형식적인 평가는 구체적이고 제한된 범위에서 아동의 행동에 대한 평가로 검사의 사용이 가장 보편적인 방법이다. 비형식적인 평가는 교육현장에서 교사의 관찰, 아동의 작품 등을 통해 평가활동이 이루어진다(양승희, 권세경, 황혜경, 2002; 이은해, 1995).

4) 평가 유형

아동미술의 평가 유형으로는 관찰법, 질문지법, 면담법, 교사제작 검사법, 사회성 측정법, 표준화 검사법, 포트폴리오 평가 등이 있으며, 이 장에서는 아동미술에서 주로 활용하는 관찰법과 포트폴리오 평가에 대해 살펴보도록 하겠다.

(1) 관찰법

관찰법은 아동이 미술시간에 보여 주는 행동이나 상태를 보다 잘 이해하기 위하여 아동이 보여 주는 자연스러운 여러 가지 활동이나 상황을 논리적이고 과학적인 방법으로 자세히 관찰하고 분석 · 기록함으로써 아동의 인지적 · 사회적 · 정서적 · 신체적 발달 및 행동에 대한 평가 자료를 얻을 수 있는 평가방법이다. 또한 아동이 그림을 그리거나 표현하는 과정을 객관적이고 정확하게 평가하기 위해서는 신중히 관찰할 필요가 있고 관찰한 것을 있는 그대로 기술하는 기록법이나 체크리스트, 평정 척도 등을 이용하여 분석한다. 관찰 기록의 질을 평가하는 기본적인 준거는 기록된 상황이 객관적이고 구체적으로 기술되어 제3자가 읽어서 충분히 이해할 수 있는 정도에 있다. 평가에서 관찰 자료의 가치는 프로그램의 수행 과정에서 발생하는 중요한 현상, 예를 들면 참여자의 적극적인 관심과 참여, 이해, 수용 정도, 프로그램 수행상 어려운 문제해결 방법 및 참여자의 수긍 정도 등에 대하여 상술되어 있어서 그 자료 활용자의 이해를 도모하는 데 있다(Patton, 1990).

(2) 포트폴리오

포트폴리오(portfolio) 평가란 자신이 쓰거나 만든 작품을 체계적으로 모아 둔 개인별 작품집 또는 서류철을 이용하는 평가방법이라 할 수 있다(백순근, 1995; Jongsma, 1989). 아동은 자신이 제작한 포트폴리오를 통해 자신의 변화 과정을 알 수 있으며, 교사는 아동들의 과거와 현재의 상태를 파악할 수 있을 뿐만 아니라 미래의 발전 방향에 대한 조언을 할 수 있다. 이 방법은 단편적인 일회적 평가가 아니며, 아동 개인의 변화, 발달과정을 종합적으로 평가하기 위해 전체적이면서 지속적인 평가를 강조하는 것으로 수행평가의 대표적인 기법 중 하나이다. 포트폴리오 평가에서는 작품을 표현 주제, 창의성, 재료 활용, 내용 구성, 성실성, 경청 태도 등을 평가한다(류재만, 2004). 아동미술 작품을 정기적으로 수집하여 포트폴리오로 정리하면 미술 매체를 다루는 능력, 흥미의 전환, 아이디어의 변화, 개념의 발달 등 시간과 경험의 축적에 따른 아동의 미술 발달과정을 알 수 있게 된다. 또한 아동으로 하여금 자신의 미술활동에 대하여 가치를 부여하도록 하고 자기평가를 하도록 도와줄 수 있다(Nathan, 1995).

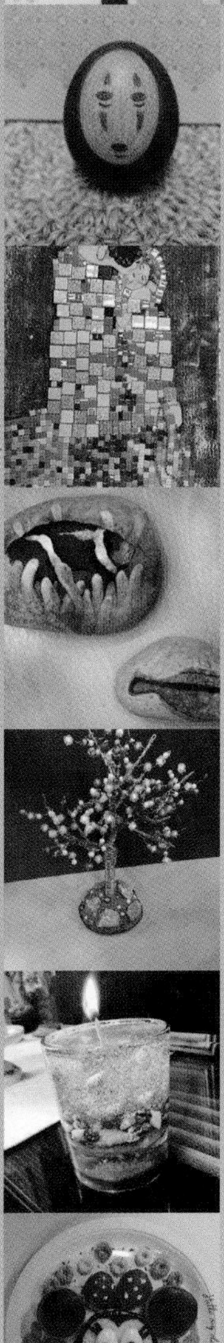

제 2 부

아동미술의 기초 이해

제4장

아동미술과 회화

1. 회화란

회화란 평면적 공간 위에 선이나 색채로 평면상에 형상을 그려 내는 것으로, 종이, 패널, 유리, 비단, 캔버스 등의 2차원적 평면이나, 동굴이나 사원의 벽 등 특정한 장소에 구체적인 형상이나 이미지를 표현한 조형예술이다(전성민, 2010).

2. 회화의 표현 요소

회화는 다음과 같은 요소들을 이용해 표현할 수 있다.

- 마티에르: 대상의 재질감이 화면에 표현된 것으로 눈으로 보아 느껴지는 재질의 느낌이다.

- 재질감: 물체의 표면에서 시각적으로 또는 만져 보아서 느껴지는 재질의 느낌이다.
- 양감: 화면에 표현된 물체의 크기, 부피, 무게 등의 느낌으로 중량감이라고 한다. 즉, 무겁다, 가볍다, 볼록하다 등의 느낌이다.
- 색조: 화면 전체에서 느껴지는 색의 밝고 어두움(명도)과 색의 맑고 흐림(채도)을 말한다.
- 명암: 물체에 빛이 비칠 때 나타나는 밝고 어두운 단계를 말하며, 이러한 명암의 표현이 잘 되었을 때 대상의 입체감과 양감 등이 잘 느껴져 실재감이 난다.
- 음영: 물체 자체에 생기는 그늘 부분을 음이라고 하며, 그 물체에 의하여 생기는 그림자를 영이라고 한다.
- 공간감: 그림을 그리는 사람으로부터 멀고 가까움에 따라 나타나는 깊이감, 넓이감으로 원근감과 밀접한 관계가 있으며 공간감이 클수록 원근감도 크다. 이러한 공간, 원근의 표현에 의하여 사실적 · 실제적 느낌이 강하게 나타난다.
- 운동감: 인물, 동물 등의 자세나 움직임에 의해 나타나는 느낌으로, 화면에 변화와 생동감을 주는 요소이다.
- 강조: 화면의 한 부분을 부각시키기 위하여 색이나 모양 등으로 강하게 표현하는 것이다(최향춘, 2006).

3. 회화의 종류

우리나라에서는 회화를 크게 동양화와 서양화로 구분을 한다. 동양화(한국화)는 한국적인 재료와 한국적인 정서와 화법을 이용하여 그린 그림이고, 서양화는 서양의 전통적인 재료와 화법을 이용하여 그린 그림이다. 그 밖에도 현대적인 재료나 기법을 이용해 표현한 다양한 회화가 있다.

1) 한국화(동양화)

(1) 한국화의 개념

한국화란 우리나라의 전통회화로서 한국적인 재료와 한국적인 기법으로 한국인의 얼과 정신을 그린 우리의 전통그림을 말한다. 그러나 최근에 와서야 한국화라는 이름으로 부르기 시작했고 그전에는 동양화로 불렀다.

(2) 한국화의 특징

한국화는 인간중심 사상과 자연주의 사상을 바탕으로 발전해 왔다. 한국화는 서양화와는 달리 선과 여백의 미를 중요시하며, 관념적 · 감성적 · 즉흥적 · 암시적 · 함축적 특성을 보인다. 이는 서양화의 객관적 · 논리적 · 점진적 · 직설적 · 구체적 면과 대비가 된다.

(3) 한국화의 종류

한국화는 사용하는 재료에 따라 분류하거나, 표현하는 대상에 따라 분류하여 그 종류를 구분할 수 있다.

① 재료에 따른 분류

- 수묵화: 채색을 하지 않고 먹만을 사용하여 그린 그림으로 먹의 멋을 가장 많이 느낄 수 있는 그림이다.
- 수묵 담채화: 수묵과 옅은 채색으로 함께 그리는 기법을 말한다. 먹으로 바탕의 기본 그림을 그리고 옅게 채색하는 기법이다.
- 수묵 채색화: 수묵 담채화에 비하여 좀 더 짙게 채색을 가해 입체감이나 양감을 표현하는 기법이다.
- 채색화: 수묵을 사용하지 않고 색을 진하게 덧칠함으로써 불투명하게 표현하는 기법이다.

정선, 인곡유거도(수묵화)

김홍도, 활쏘기(수묵 담채화)

신윤복, 무모도(화첩, 수묵 채색화)

금궤도(채색화)

② 표현 대상에 따른 분류

- 산수화: 산과 물, 나무 등 자연을 소재로 그린 그림을 말한다. 자연 경관을 직접 보고 그린 것을 실경, 그리는 이의 마음속에 관념으로 자리 잡은 자연 경관을 그린 것을 관념 산수화라고 한다.
- 인물화: 초상화, 신선도, 미인도 등 인물을 소재로 그린 그림을 말한다.
- 풍속화: 일정한 사회 계층을 대표하는 사람들의 풍속, 취미, 일상생활의 모습을 그린 그림을 말한다. 풍속화는 당시 모습을 그대로 볼 수 있는 중요한 자료가 된다.

- 화조화: 꽃과 새를 소재로 그린 그림을 말한다.
- 화훼화: 꽃을 그린 그림을 말한다.
- 어해화: 물고기, 게 등 물속 생물을 그린 그림을 말한다.
- 기명절지화(정물화): 기물이나 꽃, 과일, 나뭇가지 등을 소재로 그린 그림을 말한다.
- 영모화: 새, 호랑이 등 깃털과 털을 지닌 짐승을 그린 그림을 말한다.
- 초충도: 풀, 벌레 등을 그린 그림을 말한다.
- 사군자화: 매(매화), 난(난초), 국(국화), 죽(대나무)을 소재로 그린 그림으로 매는 봄을, 난은 여름을, 국은 가을을, 죽은 겨울을 상징한다.

안견, 몽유도원도(산수화)

신윤복, 미인도(인물화)

김홍도, 씨름도(풍속화)

중국 휘종황제, 오색잉꼬(화조화)

화모란도 대병풍(화훼화)

장한종, 어해화

이도영, 화첩[기명절지화(정물화)]

변상벽, 국정추묘(영모화)

신사임당, 초충도

강세황, 사군자화

(4) 한국화의 재료

① 종이

종이의 종류는 매우 다양하다. 그중 닥나무 껍질로 만든 한지는 부드럽고 통풍이 잘 되며, 질겨서 잘 찢어지지 않고 먹물을 잘 빨아들여 글을 쓰거나 그림 그리기에도 좋다. 한지에는 화선지, 장지, 옥판선지, 당지, 창호지 등이 있는데 우리가 보통 서화에 가장 많이 사용하는 것은 화선지이다(김윤경, 2010).

② 붓

붓은 그리는 사람의 손을 대신하거나 그리는 사람의 의지를 전달하는 중요한 도구로 많은 종류가 있으며, 모의 질, 붓의 형태, 붓의 크기에 따라 용도가 다르다. 부드러운 짐승의 털로 만든 전통 붓은 물기를 되도록 많이 간직할 수 있으며 부드러워서 인간의 감정을 예민한 화선지에 전달하는 데 가장 효과적이다. 붓에는 용도에 따라 선묘용 붓, 채색용 붓, 바림용 붓, 넓게 칠하기용 붓이 있다(김윤경, 2010).

③ 벼루

입자가 미세하고 오래 사용하여도 마모되지 않고 안정감이 있으며, 수분기를 잘 받는 벼루가 좋은 벼루이다. 벼루의 질을 상하지 않게 하기 위해서는 먹을 누르거나 힘을 주어 갈아서는 안 되며 사용 후에는 깨끗이 씻어야 나중에 먹 찌꺼기로 인해 먹색을 나쁘게 하는 것을 방지할 수 있다(김도희, 2006).

④ 먹

먹은 사물이 탈 때 나오는 불완전연소의 그을음과 아교를 잘 섞어 일정한 형태로 굳힌 것으로, 원료에 따라 송연묵, 유연묵으로 나누고, 색상에 따라 담묵, 자묵, 고묵 등으로 나눈다. 먹은 입자가 가늘고 아교 성분이 적으며 색이 검고 소리가 맑은 것이 좋은 먹이다(김윤경, 2010).

⑤ 물감

물감의 종류는 매우 다양한데 도자기에 굳혀 놓은 접시물감인 안채, 수채화 물감처럼 짜서 쓰는 튜브물감, 먹을 갈아서 쓰는 봉채, 가루로 되어 있어 아교와 함께 섞어 바르는 분채, 자연원석을 분쇄하여 흐르는 물에 정제하여 추출한 뒤 입자 크기별로 분류한 석채가 있다. 물감은 종이에 따라, 작가의 취향에 따라 여러 가지로 선택해서 사용할 수 있다(김도희, 2006).

⑥ 기타

기타 재료는 화선지 밑에 까는 융, 종이가 움직이지 않게 눌러 주는 문진, 색 조합을 위한 접시, 물그릇, 붓을 말아 이동하기에 용이한 붓말이개, 용구 보관상자 등이 있다(김도희, 2006).

(5) 한국화의 기법

① 먹의 운용법에 따라

- 삼묵법: 붓의 제일 끝이 농묵(진한 먹색), 중간이 중묵(중간 먹색), 붓대에 가까워짐에 따라 담묵(흐린 먹색)이라 하는데, 이러한 농, 중, 담묵의 묵색으로 그리는 것이 삼묵법이다(염혜지, 2007).

• 발묵법: 붓에 먹물을 듬뿍 묻힌 다음, 화선지에 먹물을 떨어뜨리거나 붓을 두드리며 먹물이 번져 나가도록 그리는 묵법이다.
• 파묵법: 산수화에서 수목이나 암석을 그릴 때 쓰는 방법으로, 짙은 먹으로 윤곽선을 그린 후 물기가 마르기 전에 재차 엷은 먹으로 덧칠함으로써 먹 번짐이 생기도록 하는 묵법이다.

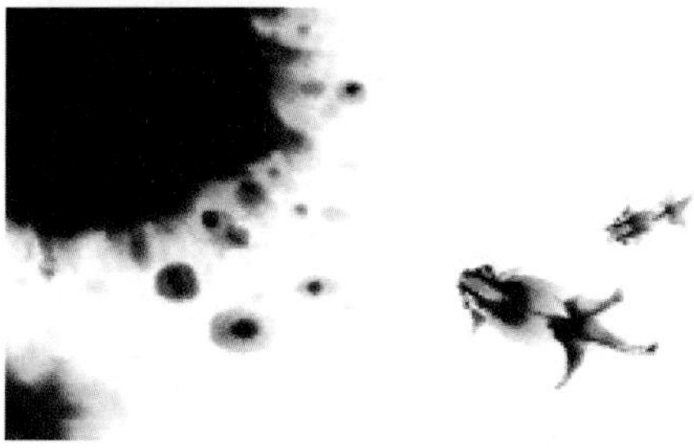
발묵법

파묵법

• 적묵법: 담묵과 중묵 그리고 농묵이 층층이 겹쳐지게 그림으로써 산수화를 그릴 때 중후한 맛을 내는 묵법이다.
• 지묵법: 먹물에 아교를 타서 쓰거나, 아교가 칠해진 화지에 먹물을 약간 두텁게 칠해 천연적인 윤곽선을 형성하도록 하는 묵법이다.

적묵법

지묵법

• 비묵법: 붓질하는 도중에 비백(흰 공간)이 생기게 함으로써 울퉁불퉁하게 표현하거나 흑백의 대비로 긴장감의 효과를 더해 주어 그림에 생동감을 주는 묵법이다.
• 잠묵법: 붓 끝에 담묵을 묻히고 다시 여기에 농묵을 묻혀 바로 그려 나가는 기법으로 입체적인 느낌을 주어서 화조화에 가장 많이 쓰이는 묵법이다.

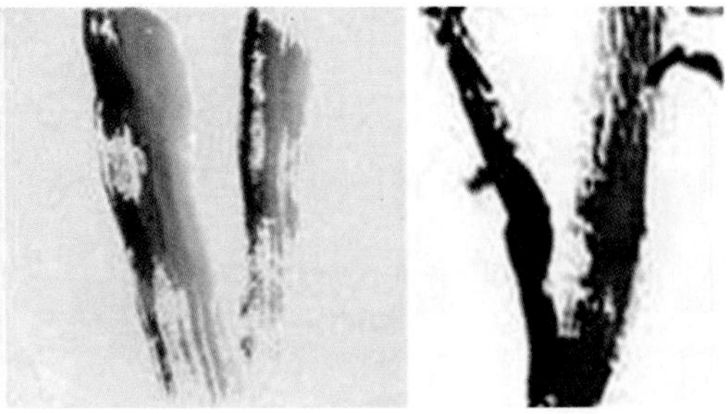

비묵법

반천수, 노기(잠묵법)

- 운선법: 먹을 퍼지게 하는 기법으로, 진한 빛깔부터 칠하기 시작하여 옮겨 갈수록 점점 흐리게 바림하는 기법이다.
- 점묘법: 크고 작은 점을 이용하여 표현하는 기법이다.

운선법

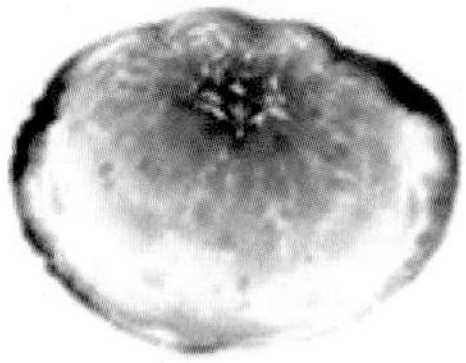

점묘법

- 비수묘: 선의 느낌이 역동적이고 굴곡이 있으며 변화가 심하게 표현되는 기법이다. 주로 형태가 정형화되어 있지 않은 자연물의 외곽선 정리에 활용한다.
- 무비수묘: 선의 두께를 변화 없이 일정하게 표현하는 기법이다. 주로 표면이 매끈한 질감의 정물에 활용된다.

비수묘

무비수묘

• 몰골법: 윤곽선을 그리지 않고 대상의 형, 명암, 색채 등을 직접 폭이 있는 수묵 또는 채색의 면으로 그리는 기법으로 먹물만을 사용하는 방법과 먹과 색을 함께 사용하는 방법, 색깔만을 사용하는 방법 등이 있다.

• 구륵법: 선으로 물체의 윤곽선을 그리는 기법으로 선의 강약, 굵기, 농담의 변화를 살린 여러 가지 성질의 선으로 그리는 기법이다.

몰골법

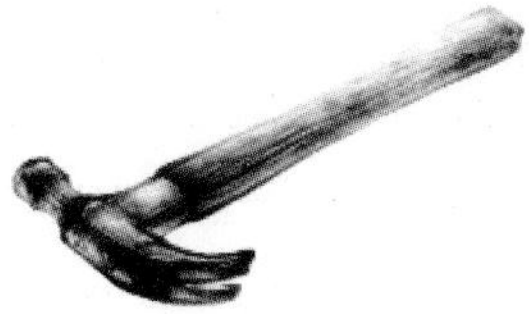
구륵법

• 백묘법: 먹의 선만으로 대상을 표현하는 기법이다.

• 갈필법: 먹을 적게 묻힌 붓으로 건조하고 거친 효과를 내는 기법이다.

백묘법

갈필법

• 선염법: 화지에 먼저 물을 칠하고 그 물기가 마르기 전에 붓으로 그리는 방법으로 명암과 요철을 표현하거나 안개나 구름의 표현 등 마무리 단계에 사용하는 기법이다.

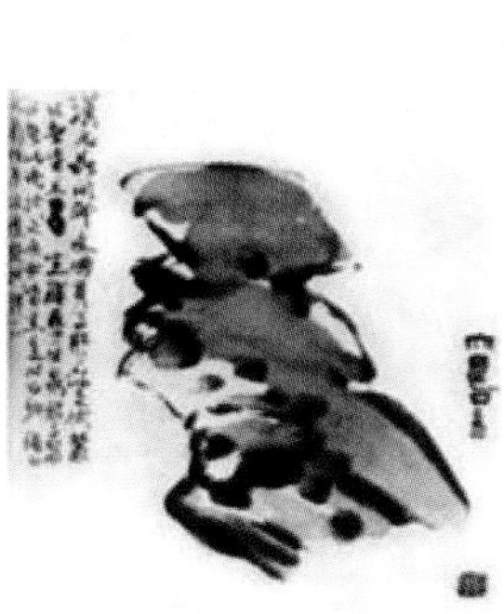
선염법 1

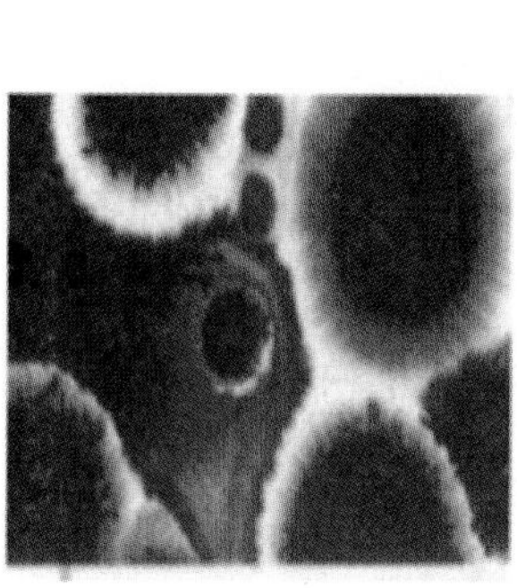
선염법 2

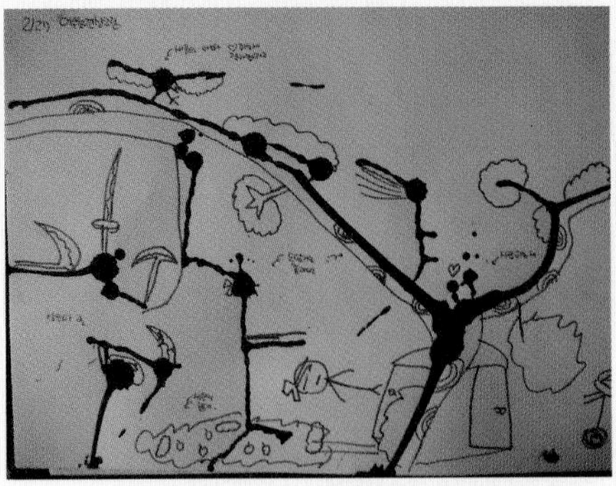

먹물 흘려 연상 그리기

먹물 불어 매화나무 표현하기

민화 따라 그리기

민화 따라 그리기

한국화, 아동 작품

2) 서양화

(1) 서양화의 개념

서양화란 서양적인 재료와 서양적인 기법으로 그린 그림을 말하며, 대표적으로 유화, 템페라화, 수채화 등이 있다.

(2) 서양화의 특징

동양에서는 눈에 보이지 않는 이상적인 것을 추구하는 반면, 서양에서는 눈에 보이는 사실에 대한 객관적이고 과학적인 해석을 중요시하였다. 그래서 그림도 사실 그대로 그리고자 하였기 때문에 형태와 색채, 명암, 원근 등을 중요시하였다. 그러한 이유로 덧칠이 가능하고 세부적인 묘사가 가능한 유화가 발달하였다.

서양화는 한국화의 관념적 · 감성적 · 즉흥적 · 암시적 · 함축적인 면과 대비되게 객관적 · 논리적 · 점진적 · 직설적 · 구체적인 특징을 보인다.

(3) 서양화의 분류

서양화도 한국화와 마찬가지로 표현하는 대상에 따라 분류하거나, 사용하는 재료에 따라 분류하여 그 종류를 구분할 수 있다.

① 표현 대상에 따른 분류

- 정물화: 움직이지 않는 사물을 주제로 그린 그림을 말한다. 주로 꽃, 과일, 죽은 생선, 빵, 치즈, 햄 등의 가공식품, 마실 것, 식기, 서적, 약품, 악기, 그 밖의 소도구 등 주로 인간의 일상생활에서 접하게 되는 주변 대상물이다. 따라서 여러 가지 사물이 잘 표현될 수 있도록 구도를 잡아야 하고, 서로 조화를 이룰 수 있도록 그려야 한다(전영신, 2003).

폴 세잔, 과일접시가 있는 정물, 1879~1880

• 인물화: 사람을 주제로 하여 그린 그림의 총칭이라 할 수 있다. 동양의 인물화가 그림 속에서 인간의 정신을 찾았다면, 서양은 인체를 해부학적으로 분석하고 다시 광선에 의한 명암, 즉 음영을 기초로 하여 부피와 양과 질의 입체감을 나타내는 과학적이고 사실적인 표현 기법을 사용하였다(전효진, 2006).

표 4-1 **인물화의 종류**

대상에 따라 분류		표현부위에 따라 분류		자세에 따라 분류	
자화상	자기 자신을 그림  빈센트 반 고흐, 회색 펠트모자를 쓴 자화상, 1887	두상	목 포함 머리 부분을 그림  귀스타브 모로, 두상습작, 19c경	좌상화	앉아 있는 모습을 그림  폴 세잔, 앉아 있는 농부, 1900~1904년경
초상화	특정 인물을 그림  레오나르도 다빈치, 모나리자, 1503~1506	흉상	가슴 부분까지 그림  요하네스 베르메르, 진주귀걸이를 한 소녀, 1665~1666	와상화	누워 있는 모습을 그림 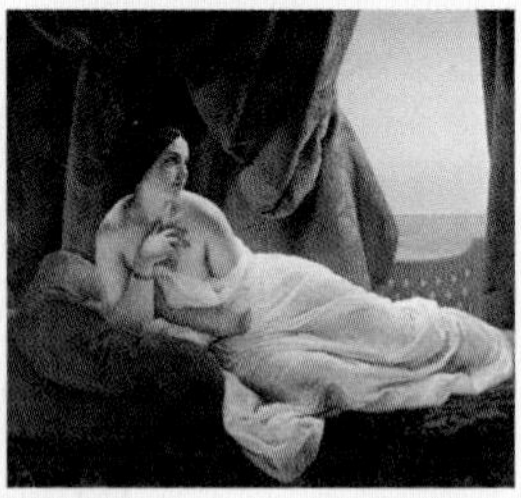 프란체스코 하예즈, 누워 있는 오달리스크, 1835

군상화	두 사람 이상을 그림  오귀스트 르누아르, 두 자매, 1881	반신상	허리 부분까지 그림  램브란트, 아하타바스의 초상, 1641	입상화	서 있는 모습을 그림  클로드 모네, 양산을 쓴 여인, 1886
		전신상	몸 전체를 그림  앙투안 장 그로, 샤를로트의 전신상, 1819		

• 풍경화: 자연을 주제로 다양한 모습을 표현한 그림을 말한다. 하지만 동양의 산수화처럼 순수한 자연이 아닌 인간에 의해 인위적으로 개척된 문화적 자연을 주로 표현한 그림이다(최현숙, 2007). 서양의 풍경화는 특히 원근감의 표현을 중요시하고, 같은 장소라도 보는 사람의 시점이나 느낌에 따라 다양하게 표현될 수 있다.

폴 고갱, 브리트니의 농장, 1886

• 추상화: 어떤 대상을 그 전체 상에서 생략하고 제거하고 정리하는 것을 말한다. 따라서 추상화는 표현하려는 대상을 사실적으로 재현하지 않고 순수한 점, 선, 면, 빛깔 등으로 표현하는 그림이다(이수현, 2007).

바실리 칸딘스키, 단단함과 부드러움, 1927

피카소 따라 하기

클림트 따라 하기

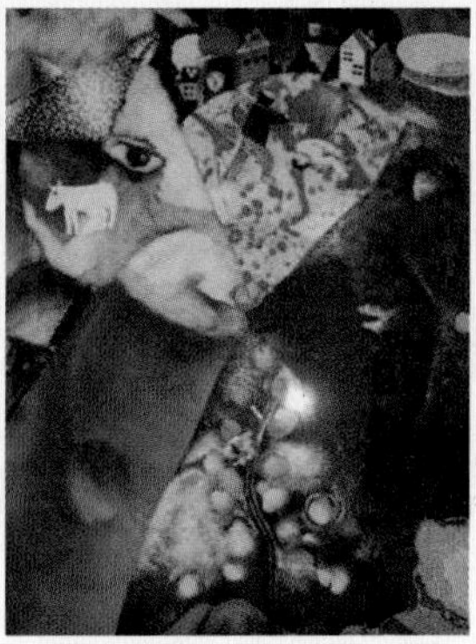

샤갈 따라 하기

명화 따라 하기, 아동 작품

② 재료에 따른 분류

재료에 따라 단색화와 수채화, 유화, 크레용화 등 다색화로 나눌 수 있다.

- 단색화: 화면을 단색으로 표현함으로써 평면의 절대성을 유난히 강조한 그림이다. 주로 연필, 콩테, 목탄, 펜 등 한 가지 색으로 표현한다(강형수, 2003).
  - 연필화: 연필을 이용하여 그린 그림이다. 연필은 경도 및 농도별로 9H~6B에 이르기까지 다양하나 4B~6B가 미술용으로 적합하다. 연필은 휴대하기 간편하고 그리거나 지우는 일이 자유롭다. 끝이 뾰족하여 세밀한 표현에도 적합하고 날카로운 표현에서 부드러운 표현까지 다양하게 표현할 수 있다. 기법으로는 드로잉

기법, 문지르기 기법 등이 있다.

–목탄화: 목탄을 이용하여 그린 그림이다. 목탄은 나뭇가지를 태워 숯을 만든 것으로 부드러워 긋기 쉽고 손가락이나 거즈로 문질러 면으로 양감을 나타내기 좋으며 빵이나 지우개로 지우면서 부드러운 명암을 나타낼 수 있다. 목탄은 질감과 색이 아름답지만, 약하고 정밀성이 부족하며 종이에 목탄을 정착시키기 위해서는 따로 정착액을 뿌려야 한다는 단점이 있다.

프랑수아 밀레, 새우 잡는 어부들 (연필화), 1856~1860

레옹 레르미트, 앉아서 휴식을 취하는 농부(목탄화), 1881

–콩테화: 콩테를 이용하여 그린 그림이다. 니콜라스 자크 콩테가 만든 것으로 창안자의 이름을 따서 콩테라 불린다. 콩테는 찰흙과 흑연을 섞어 물로 반죽해 다져 구운 것으로 목탄과 연필보다 진하고 윤기가 있어서 강한 선의 효과를 나타낼 수 있다. 또한 콩테는 쉽게 지워지지 않으며 문지르거나 펴서 농담을 낸다. 하지만 세밀한 표현이 불가능하고 지우기가 곤란하고 더러워지기 쉬운 단점을 가지고 있다. 콩테의 색은 검정색, 회색, 갈색, 흰색 등이다.

–펜화: 펜과 잉크를 이용하여 그린 그림이다. 펜은 예리하고 날카로운 표현과 정밀하고 세밀한 표현이 가능하고 연필이나 목탄에 비해 정착성이 좋다는 장점이 있다. 하지만 펜 터치에 제약이 많으며 한 번 그리고 나면 수정이 어렵다는 단점이 있다.

조르쥬 피에르 쇠라,
도장공(콩테화), 1883~1884

아반드로스, 풀밭에서의 연회(펜화),1615

• 다색화: 단색화가 한 가지 색으로 표현한 그림이라면, 다색화는 여러 가지 색을 사용해 표현한 그림이다. 다색화는 색을 통해 작가의 내면을 표현하거나 작가의 개성을 표현하는 등 단색화에 비해 더 풍부한 표현이 가능하다.

–수채화: 수채화 물감을 물에 풀어 그린 그림으로 투명 수채화와 불투명 수채화가 있다. 투명 수채화는 물을 많이 사용하여 밑색이 들여다보이도록 칠하는 것으로, 맑고 명쾌한 느낌을 준다. 불투명 수채화는 물감을 되게 해서 밑색이 들여다보이지 않도록 두텁게 칠하는 방법으로 무겁고 강한 느낌을 준다(김경철, 2006).

–유화: 아마인유가 포함된 물감에 식물성 기름을 개어서 캔버스나 판자에 그린 불투명하고 중후한 느낌의 작품을 말한다. 유화 물감은 건조 후에도 색조의 변

고현희, 꽃향기(수채화), 2007

빈센트 반 고흐, 해바라기(유화), 1888

화가 거의 없으며, 다양한 기법과 질감으로 생생하게 표현해 낼 수 있는 장점이 있다. 반면에 건조가 느리고 재료가 비싸며, 도구가 복잡하고 제작시간이 많이 소요되므로 단번에 작품을 완성시킬 수 없다는 단점이 있다.

–템페라화: 보통 젤라틴, 달걀 노른자 등으로 안료를 개어서 증류수로 희석해서 그리는 작품을 말한다. 이 물감을 화면에 붓으로 바르면 물은 증발되고 달걀과 안료는 단단하고 얇게 굳는다. 템페라 물감은 원래 안료의 색에 아주 가깝게 마르기 때문에 작가가 작품의 최종적인 색상들을 보다 정확하게 통제할 수 있다는 정점이 있다. 하지만 유연성이 없고 너무 빨리 마르기 때문에 유화에서처럼 색을 서로 섞어서 칠할 수 없다는 단점이 있다. 유럽 중세에 프레스코 기법과 함께 많이 사용했으나 유화의 발명으로 그 후 적게 사용하는 편이다.

–과슈화: 과슈를 이용하여 그린 그림이다. 과슈는 아라비아 고무와 안료를 혼합한 불투명 수채물감이다. 과슈는 마르지 않은 상태에서 두텁게 칠할 수 있는데 이는 유화와 비슷하다. 또한 물과 섞어서도 사용할 수 있는데 이때는 투명 수채화와 비슷하다. 색상은 선명하나 유화와 같은 광택이 없으며 혼색을 할수록 선명도가 떨어지기 때문에 주로 단색으로 사용한다.

산드로 보티첼리, 비너스의 탄생
(템페라화),1485년경

폴 고갱, 타마테테
(우리는 오늘 시장에 가지 않을 거야, 과슈화), 1892

–프레스코화: 덜 마른 회 반죽 위에 수용성 물감으로 채색한 벽화로서, 벽이 마르게 되면 수용성 물감이 벽에 스며들면서 고착되어 색채가 견고하게 붙는 기법으로 '신선하다'라는 뜻을 가지고 있다. 로마인들은 기원전부터 이 기법을 사용하였다고 한다(김경철, 2006).

-스테인드 글라스: 스테인드 글라스는 오랜 역사를 가지고 종교 미술과 함께 발달했다. 스테인드 글라스의 '스테인드stained'는 '달구어 녹여 붙이다' '착색하다'라는 뜻으로 'stained glass'는 '착색된 유리' '색칠된 유리'를 의미한다. 이처럼 스테인드 글라스는 유리를 잘라서 채색하고 불에 구워 낸 다음, 납틀로 불리는 납선에 의해 봉합·조립한다. 스테인드 글라스는 작업과정이 복잡하긴 하지만 색채가 흡수된 색유리이기 때문에 퇴색되거나 변색되는 일이 거의 없고, 빛이 통과하여 화려하고 신비로운 색감을 낼 수 있다(나정주, 2003).

산치오 라파엘로, 아테네 학당(프레스코화), 1510년경

마닐라 대성당(스테인드 글라스)

-납화: 그리스, 로마 시대에 벽이나 널빤지에 그린 고대 회화 기법으로, 물감에 뜨거운 밀랍용액을 섞어 쓰는 그림 기법이다. 유화 물감과 성질이 비슷해서 깊고 풍부한 효과를 낼 수 있고 습기에 강하다. 하지만 물감을 따뜻하게 보존해야 하기 때문에 작업상 불편한 점이 많아 9세기경 차츰 쇠퇴하였다.

-크레용화: 크레용을 이용하여 그린 그림이다. 크레용은 안료에 파라핀이나 목랍을 섞어서 고형화한 회화 재료이다. 크레용은 단단하고 유연성이 적으므로 곱고 가늘게 칠할 수 있으며 손에 잘 묻지 않는다. 하지만 혼색 및 덧칠이 어려우며 다소 거칠다.

작자 미상, 여인의 초상(납화), 3c경

크레용화

- 파스텔화: 파스텔을 이용하여 그린 그림이다. 파스텔은 크레용과 같은 계열의 화구로 회화 재료 중 색감이 가장 아름답다. 파스텔은 색상이 선명하고 화려하며 온화하고 부드럽다. 또 변색하거나 퇴색되지 않으며 그릴 때 힘이 들지 않는다. 하지만 혼색, 중색이 자유롭지 못하며, 잘 부러지고 칠할 때 손에 많이 묻으며 먼지가 난다. 또한 작업이 끝나면 픽사티브와 같은 정착액을 뿌려야 가루가 날아가지 않고 오래 보관할 수 있다.
- 크레파스화: 크레파스를 이용하여 그린 그림이다. 크레파스는 유성 파스텔의 일종으로 크레용과 파스텔의 중간 정도의 질감을 가졌다. 크레파스는 선명하고 반투명의 성질로 인해 생생한 그림을 그릴 수 있다. 크레파스는 부드럽고 비교적 혼색이 잘 되고 착색력이 뛰어나며 색깔 수가 많은 장점이 있다.

파스텔화

크레파스화

• 색연필화: 색연필을 이용하여 그린 그림이다. 색연필은 색깔이 있는 연필로 연필보다 더 부드럽고 표현할 수 있는 색상이 풍부하며 휴대가 간편하다. 하지만 많은 면적을 칠할 때는 힘이 들어 큰 작품을 하기에는 어려움이 있고 색이 너무 연하다는 단점이 있다. 색연필에는 유성 색연필과 수성 색연필이 있는데 유성 색연필은 크레용과 비슷한 느낌으로 물과 혼합되지 않고, 수성 색연필은 색칠 후 물을 칠하면 물과 섞여서 수채화 같은 효과를 낼 수 있다.

• 아크릴화: 아크릴 물감을 이용하여 그린 그림이다. 아크릴 물감은 물을 보조제로 사용함으로써 기름을 보조제로 사용하는 유화 물감에 비해 사용이 간편하면서도 건조가 빠르고 내구성이 강하며 다양한 미디엄과 혼합하여 개성적이고 창의적인 표현이 가능하다. 또한 내구성이 강해 외기의 변화나 강한 자외선에도 변색, 퇴색될 염려가 없으며 물러지거나 주름, 균열도 생기지 않는다. 하지만 물감이 건조되면 완전 고착되기 때문에 수정이 어려운 점이 있다(윤지영, 2008).

색연필화

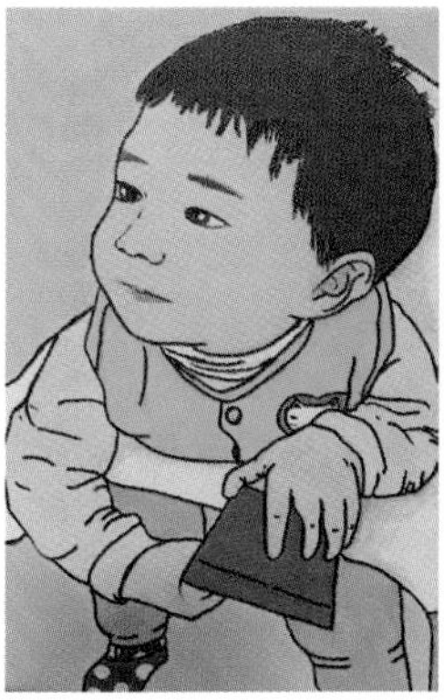

아크릴화

• 사인펜화: 사인펜을 이용하여 그린 그림이다. 사인펜은 촉과 심, 껍질로 구성되어 있으며 촉에서 잉크가 나와 촉을 통해 그림을 그릴 수 있다. 색상이 다양하고 사용하기 간편하다. 사인펜의 잉크에는 수성과 유성이 있는데 수성 사인펜이 물에 잘 번지므로 번지기 기법을 통한 표현이 가능하고, 유성 잉크를 넣은 사인펜은 우리가 알고 있는 네임펜이라 불리는 사인펜이다. 사인펜의 일종으로 촉은 붓의 형태로 부드럽지만 붓보다 단단하고 풀리지 않아서 사용이 편리한 붓펜이 있다.

- 매직화: 매직을 이용하여 그린 그림이다. 매직은 다양한 색과 여러 가지 굵기로 된 것이 많으며 촉촉해서 채색하기 쉽다. 끝이 납작한 매직은 선이 두껍게 그려지기 때문에 큰 종이의 그림에 적합하고, 가는 매직은 어린이들의 세부적인 그림에 사용하기 적합하다. 하지만 잘 지워지지 않아 수정이 불가능하고 잉크가 종이에 스며드는 습윤성이 좋아 유의하며 사용해야 하는 단점이 있다(김란영, 2005).
- 마커화: 마커펜을 이용하여 그린 그림이다. 마커는 사인펜과 같이 촉과 심, 껍질로 구성되어 있으며 촉에서 잉크가 나와 촉을 통해 그림을 그릴 수 있는 화구이다. 마커는 사인펜에 비해 건조가 빠르고 색상이 다양하고 선명하며, 덧칠이 가능하므로 테크닉에 따라 여러 톤의 색을 표현할 수 있다. 하지만 특성상 수채화와 같은 깊은 느낌을 표현하기는 어렵고 수정이 어렵기 때문에 충분히 계획한 후에 작업을 해야 한다.

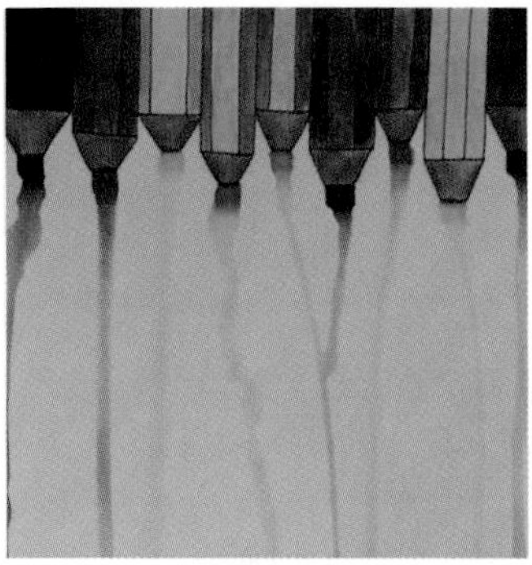
사인펜화

매직화

마커화

3) 모던 아트

모던 아트란 20C 전반에 걸친 새롭고 다양한 미술 사조를 말한다. 따라서 그 재료와 기법이 매우 다양하며 최근에도 이 모던 아트 기법은 새롭게 시도되고 있다.

(1) 물감 기법

- 물감 불기: 종이 위에 물감을 떨어뜨린 후 물감을 불어 퍼져 나가게 하는 기법이다.
- 물감 흘리기: 물감을 흘려서 우연의 효과를 나타내는 기법이다.

물감 불기

물감 흘리기

- 물감 뿌리기: 물감을 화면에 뿌리거나 떨어뜨려서 우연의 효과를 나타내는 기법이다.
- 물감 번지기: 한지나 젖은 종이에 물감을 떨이뜨려 서서히 번지게 하는 기법이다.

물감 뿌리기

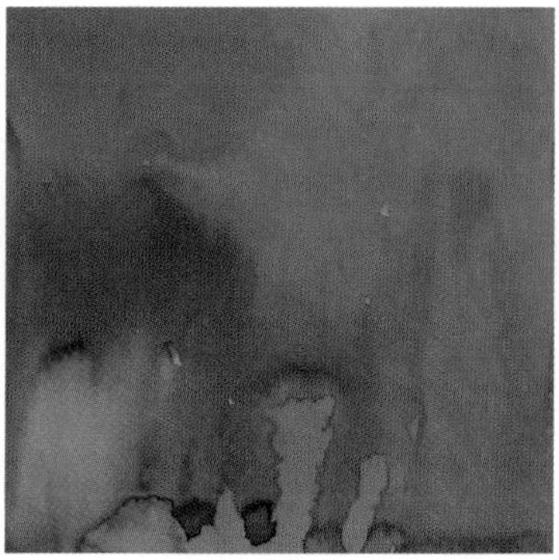

물감 번지기

(2) 크레파스 기법

- 문지르기: 크레파스로 그림을 그리고 그림을 손가락을 이용해 문질러 크레파스가 주위로 퍼지도록 하는 기법이다.
- 녹이기: 크레파스를 촛불에 녹여 점묘법 형식으로 표현하는 기법이다.
- 다리기: 크레파스를 깎아 종이 사이에 두고 다리미로 열을 가해 납작하게 녹이는 기법이다.

문지르기

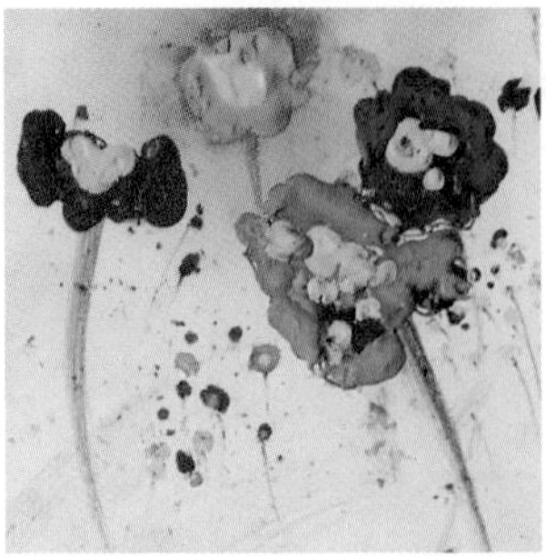
녹이기

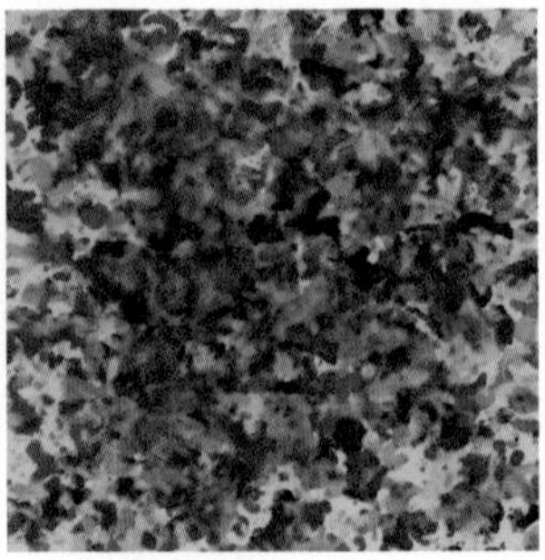
다리기

(3) 손가락 기법

- 핑거 페인팅: 수성풀에 물감을 적당히 섞어서 손가락을 이용해 그림을 그리는 기법이다.
- 손 물감 그리기: 손가락에 물감을 묻혀 가며 그림을 그리는 기법이다.
- 손가락으로 찍어 그리기: 손가락에 물감이나 잉크를 묻혀 지문을 찍으며 그림을 표현하는 기법이다.

핑거 페인팅

손 물감 그리기

손가락으로 찍어 그리기

(4) 판화 기법

- 마블링: 기름이 물보다 가볍고 물과 기름은 서로 섞이지 않는다는 점을 이용한 기법이다. 통에 물을 반 정도 채우고 그 위에 기름을 붓고 물감을 풀어 살짝 휘저어 무늬를 만든 후 그 위에 종이를 덮어 무늬를 찍어 낸다. 최근에는 마블링 액이라는 유성물감이 있어 편리하다.
- 데칼코마니: 종이의 한 면에 물감을 충분히 칠한 후 반으로 접었다 펼쳐 대칭형의 모양이 찍혀 나오도록 하는 기법이다.

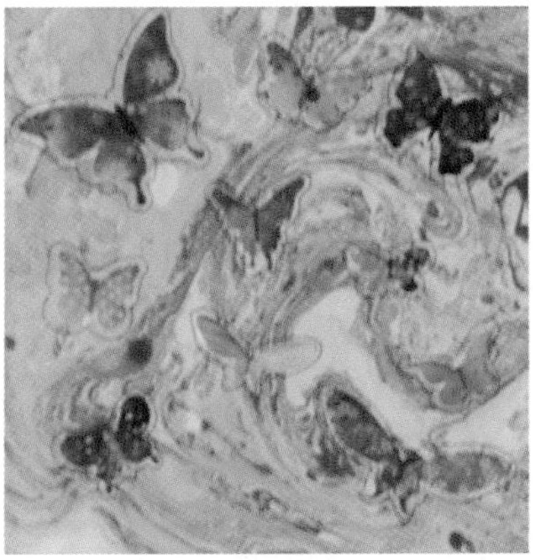

마블링

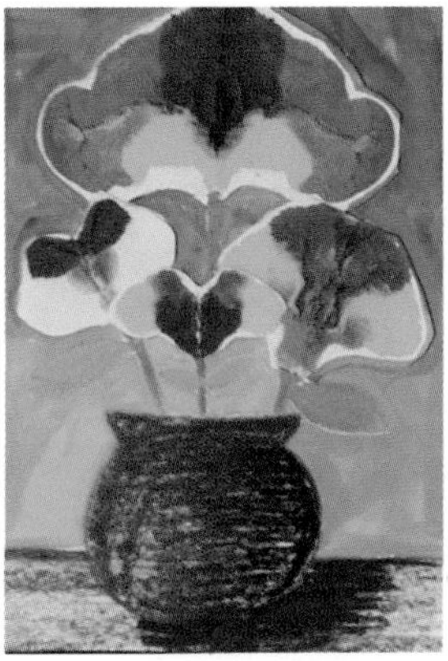

데칼코마니

- 모노타이프: OHP필름지에 세제를 섞은 물감을 칠한 다음, 손가락으로 물감을 닦아 내며 그림을 그리고, 그 그림을 말린다. 그런 후에 습기를 머금은 종이를 그 위에 덮어 찍어 내는 기법이다.
- 스탬핑: 과일이나 야채, 지우개 등에 무늬를 세기고 물감을 묻혀 종이에 찍는 기법이다.

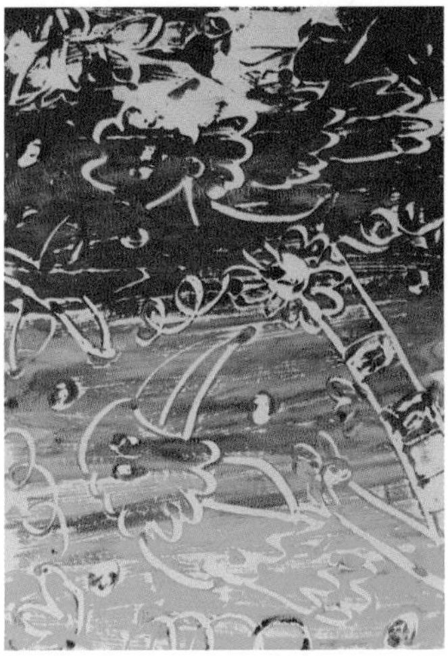

모노타이프

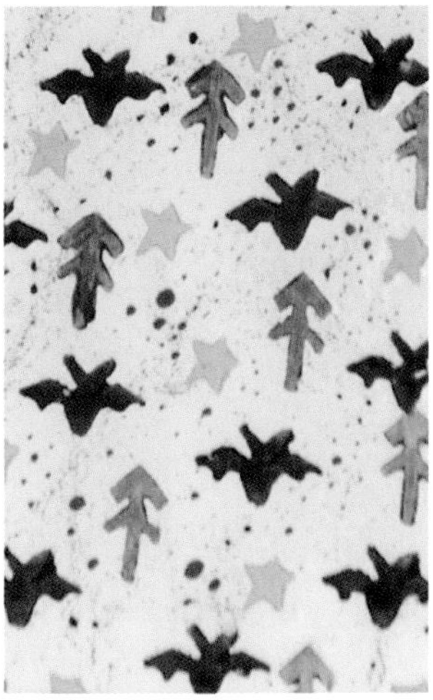

스탬핑

• 스프레이 판화: 종이를 모양을 내어 오려 다른 종이 위에 오려 배치시킨 후 물감이 담긴 스프레이를 뿌려 모양을 나타내는 기법이다.

• 복사판화: 사물을 복사기 위에 알맞게 배치한 후 그대로 종이에 복사하여 찍는 기법이다.

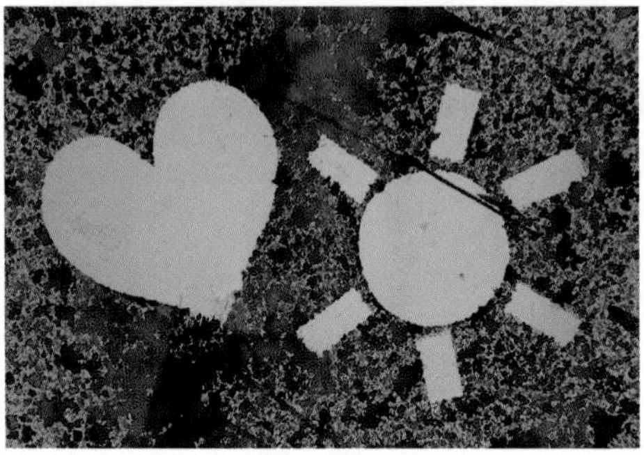
스프레이 판화

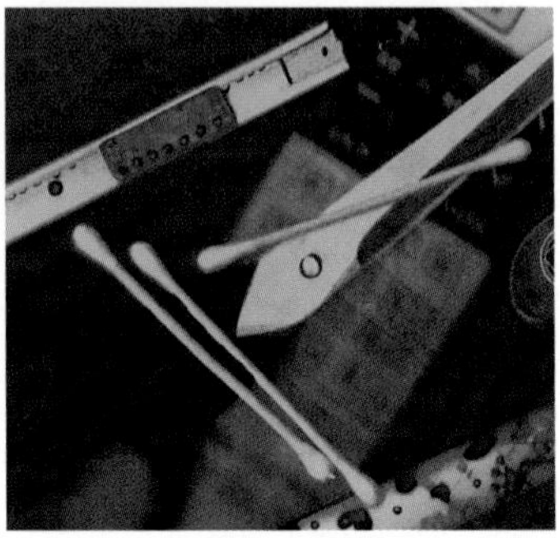
복사판화

(5) 콜라주 기법

실이나 종이, 헝겊 등의 여러 재료를 화면에 붙여 표현하는 기법이다(예: 골판지, 헝겊, 실, 잡지, 재활용품, 자연물 등).

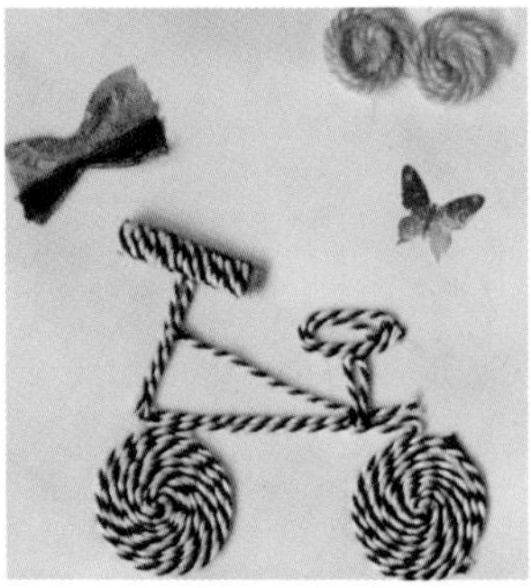
실 콜라주

자연물 콜라주

병뚜껑 콜라주

(6) 모자이크

크기가 비슷한 다양한 재료를 조각조각 붙여서 일정한 형상을 만드는 기법이다(예: 타일, 압정, 바둑알, 씨앗, 단추, 병뚜껑, 수수깡, 달걀껍질 등).

잡지 콜라주

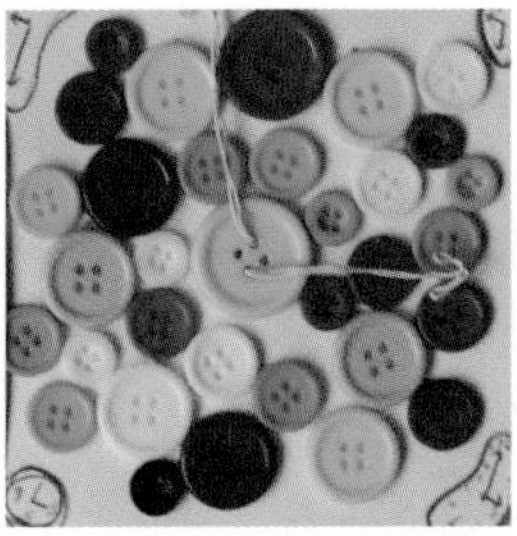
단추 콜라주

캔 콜라주

(7) 사진 기법

- 포토 몽타주: 한 화면에 인쇄된 사진을 오려서 합성하는 기법으로 풍자적 효과를 얻을 수 있다.
- 파피에꼴레: 화면에 신문지, 상표, 벽지, 자료 따위의 인쇄된 종이를 오려 붙이는 기법이다.

포토 몽타주

파피에꼴레

- 쉐이프팅: 절단한 띠 모양의 사진, 그림을 일정한 간격으로 늘이고 교차시켜 이미지를 변형하는 기법이다.

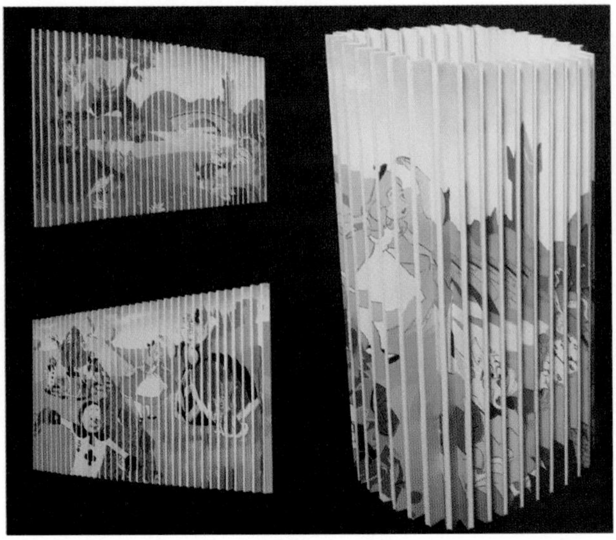

쉐이프팅

(8) 촛불 기법

- 촛농 떨어뜨리기: 촛농을 색깔 있는 도화지에 떨어뜨려 가며 그림을 표현하는 기법이다.
- 베틱: 양초나 하얀색 크레파스로 그림을 그린 후 수채물감으로 채색하여 물과 기름이 서로 섞이지 않는 배수성의 원리를 이용하여 그리는 기법이다.
- 그을려 꾸미기: 촛불에 종이를 그을려 나타난 모양을 이용하여 그림을 표현하는 기법이다.

촛농 떨어뜨리기

베틱

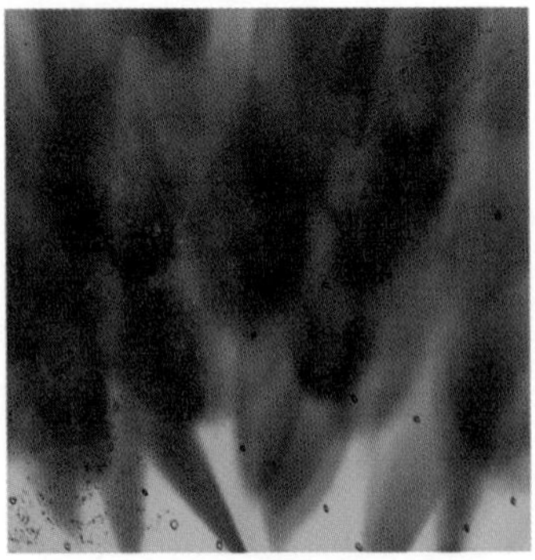

그을려 꾸미기

(9) 실 기법

- 실 무늬 뽑기: 실에 물감을 묻혀 종이에 사이에 올려놓은 뒤 실을 잡아당겨서 모양이 나타나게 하는 기법의 그림이다.
- 실 무늬 찍기: 다양한 굵기의 실에 물감을 묻혀 종이에 찍는 기법이다.

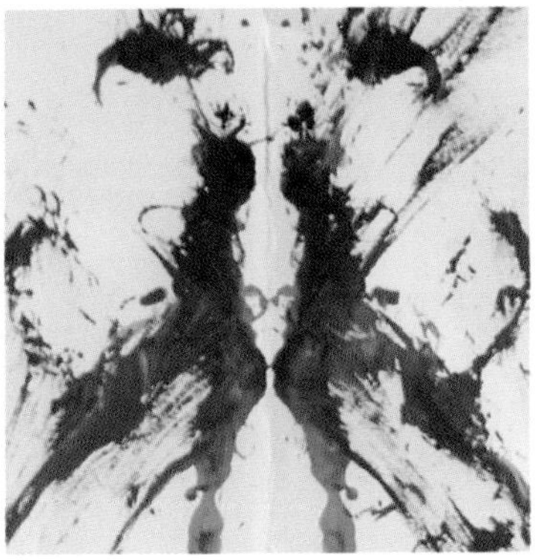

실 무늬 뽑기

실 무늬 찍기

- 실 튕기기: 실에 물감을 묻히고 잡아당겨 종이에 튕기며 그 자국을 찍는 기법이다.
- 실 감아 굴리기: 두꺼운 실을 휴지심이나 롤러에 감아 물감을 묻혀 종이에 굴려 찍는 기법이다.

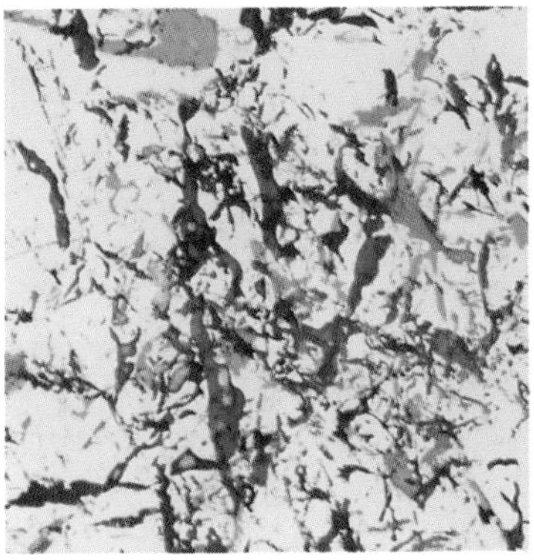

실 튕기기

실 감아 굴리기

(10) 염색 기법

- 한지 염색: 한지를 구기거나 접어서 물감에 살짝 담가 염색하는 기법이다.
- 커피 염색: 종이나 천을 커피 물에 담가 염색하는 기법이다.
- 색종이 전사 염색: 도화지에 염색용 색종이를 오려 붙여서 모양을 구상한 후 천에 대고 강한 압력과 열을 가해 찍어 내는 염색 기법이다. 이 기법은 염색용 색종이의 색이 천에 배어 염색되는 효과를 얻을 수 있다.

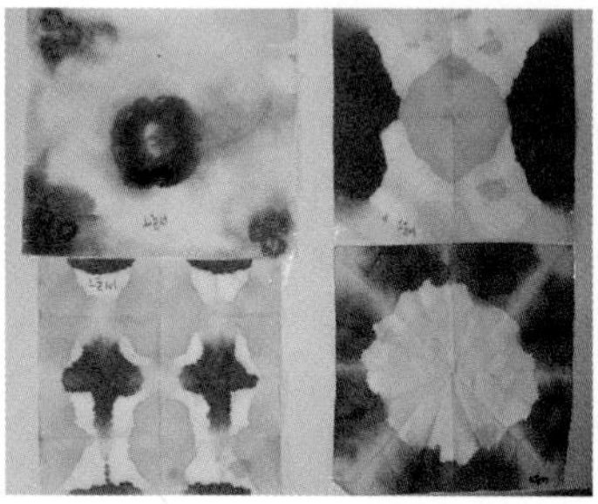
한지 염색

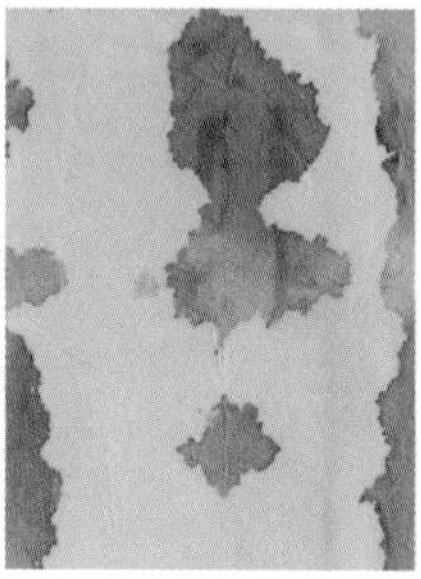
커피 염색

색종이 전사 염색

(11) 종이 기법

- 두들겨 꾸미기: 종이에 둔탁한 물건을 두들겨 나타난 찢긴 모양을 이용해 표현하는 기법이다.
- 태워서 꾸미기: 종이의 가장자리를 불로 살짝 태웠을 때 생겨나는 불규칙한 외곽선과 그을음에 의한 농담을 이용하여 그림을 표현하는 기법이다.
- 크랙 그림: 그림을 그린 후 그 위에 크랙미디엄을 발라 그림에 균열이 가도록 하여 벽화 같은 거친 효과를 내는 기법이다.

두들겨 꾸미기

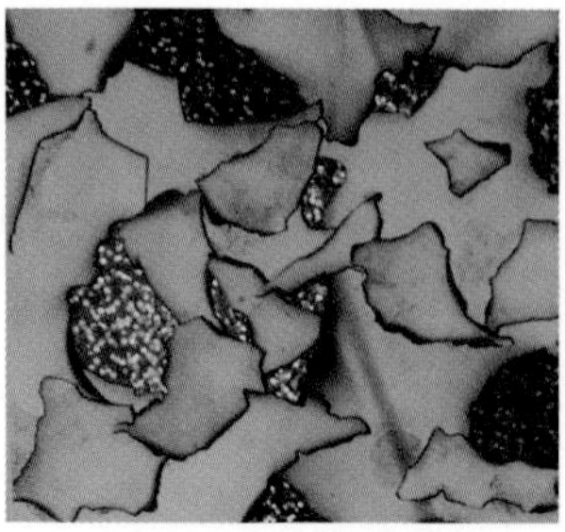
태워서 꾸미기

크랙 그림

(12) 스크래치

- 크레파스 스크래치: 크레파스 등으로 색칠한 위에 다른 색을 덧칠한 다음, 이쑤시개 같이 뾰족한 도구로 바탕색을 긁어서 밑색이 드러나게 하는 기법이다.
- 잡지 스크래치: 칼라 잡지 위에 다른 색을 칠한 다음, 이쑤시개 같이 뾰족한 도구로 긁어서 잡지의 색이 드러나게 하는 기법이다.
- 아트지 스크래치: 아트지 위에 여러 색상의 크레파스로 색칠한 다음, 이쑤시개 같이 뾰족한 도구로 긁어서 아트지의 하얀색이 드러나게 하는 기법이다.

크레파스 스크래치

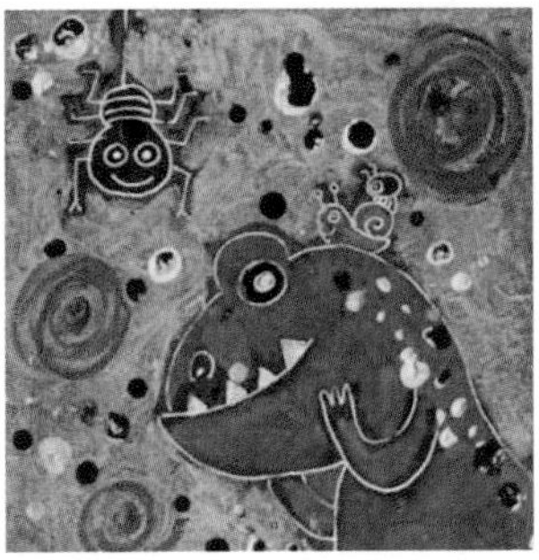
잡지 스크래치

아트지 스크래치

(13) 프로타주

- 프로타주: 나뭇결이나 잎, 헝겊 등 요철이 있는 물체 위에 종이를 얹고 연필 등으로 문질러 그 형태를 나타나게 하는 기법이다.
- 종이 프로타주 콜라주: 요철이 있는 종이 위에 종이를 얹고 색연필로 문질러 모양이 나타나게 한 후 그것을 오리고 붙여서 그림을 표현하는 기법이다.

프로타주

종이 프로타주 콜라주

(14) 가루 그림

- 모래 그림: 고운 모래를 접착제로 붙여 그림을 표현하는 기법이다.
- 색모래 그림: 색깔이 있는 모래를 접착제로 붙여 그림을 표현하는 기법이다.

제5장

아동미술과 판화

1. 판화란

판화는 그림을 직접적으로 그려 나가는 작업이 아니라 판(나무판, 동판, 두꺼운 종이판 등)을 이용하여 제작한 후 종이에 찍어 내는 회화의 한 방법으로, 간접표현 회화이다(임청훈, 2013). 판화는 일반적인 그림과는 다른 특성을 지니는데 판의 제작 방식과 기법에 따라서 다양한 효과를 얻을 수 있다.

2. 판화의 특성

판화는 다음의 여섯 가지 특성을 가지고 있다.

1) 복수성

판을 이용하여 똑같은 작품을 여러 장 찍어 낼 수 있다.

2) 간접성

모든 판화는 판이라는 매체를 이용해 간접적으로 표현하며, 회화의 직접성과 구분되는 특성을 가지고 있다.

3) 계획성

일반 회화와는 달리 판화는 밑그림을 그리는 원화 단계, 그림을 판에 옮겨 판을 제작하는 제판 단계, 잉크를 판에 올린 후 종이에 찍는 인쇄 단계의 3단계를 거쳐야만 완성이 된다.

4) 고유성

판화는 판재가 다양하고 찍어 내는 방법도 다양하므로 작품상에 나타나는 결과도 재질과 기법에 따라 각기 다르게 표현되는 판화만이 가지고 있는 특성이 있다.

5) 활용성

판화는 무수히 복제가 가능하므로 지폐, 카드, 광고 등 실생활과 밀접한 활용성을 가진다.

6) 대중성

판화는 복수 제작이 가능함에 따라 보다 저렴한 가격으로 보급할 수 있다(추미영, 2010).

3. 판화의 종류

판화는 판의 형식, 판의 재료, 제판 기법 등에 따라 볼록판화, 오목판화, 평판화, 공판화 등으로 분류할 수 있다.

1) 볼록판화

(1) 원리 및 찍는 방법

볼록판화凸는 말 그대로 평평한 판에서 파내고 남은 볼록하게 돌출한 부분에 잉크를 올려서 찍는 판법을 말한다. 자기가 원하는 형태를 남겨 놓고 필요 없는 부분을 칼로 깎아 내어 찍는 양각기법이 있고, 반대로 자기가 원하는 형태를 칼로 깎아 내어 찍는 음각기법이 있다.

(2) 특징

볼록판화는 판을 조각함으로써 낼 수 있는 칼 맛의 멋스러움과 특유의 단백하고 명쾌한 흑백 대비효과 등의 특징을 살릴 수 있다.

(3) 종류

- 고무판화: 고무를 판으로 한 판화로 칼자국에 의한 단순한 느낌이 나타난다.
- 목판화: 나무를 판으로 한 판화로 독특한 칼자국이 나타난다.

고무판화

케테 콜비츠, 전쟁/과부 1(목판화), 1921

• 지판화: 하드보드지 위에 골판지, 벽지를 오려 붙여 찍어 내는 판화, 종이 표면에 따라 다양한 효과가 나타난다.

• 직판화: 목판에 못, 클립, 압정, 철사 배치 후, 망치로 두들겨 자국 낸 뒤 잉크 칠하여 찍어 내는 판화이다.

지판화

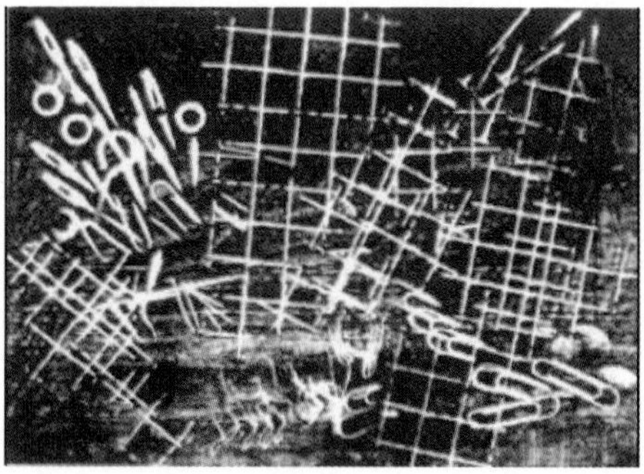

직판화

• 리놀륨 판화: 리놀륨을 판재로 하여 찍은 판화로 리놀륨이라는 소재가 목판보다도 조각하기가 쉽고 유성잉크와 잘 맞으므로 넓은 면을 얼룩 없이 인쇄할 수 있는 특징이 있으나, 예리하고 섬세한 선의 표현에는 목판만 못하다.

• 콜라그래프: '붙이다'라는 의미의 불어 콜레colle와 프린팅된 이미지를 일컫는 영어의 그래픽graphic을 합성한 단어로 하드보드지, 목판, 금속판 등의 두꺼운 판재 위에 원하는 질감의 다양한 오브제를 조형성을 고려하여 붙인 뒤 잉크를 발라 찍어 내는 방법이다(김미주, 2009; 손화연, 2009).

리놀륨 판화

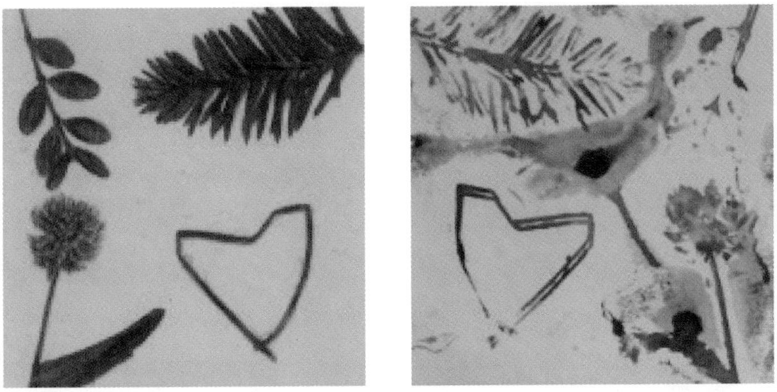

콜라그래프

2) 오목판화

(1) 원리 및 찍는 방법

오목판화는 말 그대로 오목한 부분에 잉크를 집어넣고 찍는 판법을 말한다. 자기가 원하는 상을 뾰족한 도구로 판에서 어느 정도 깊이로 파거나 화학적인 방법으로 요철을 만들어 낸 다음, 오목한 부분에 잉크를 집어넣고 표면에 있는 잉크를 잘 닦은 후에, 종이를 물에 축여 동판 프레스의 압력을 이용하여 찍는다.

(2) 특징

오목판화는 금속판에 날카로운 도구나 부식 방법에 의해 작업이 되므로 표현기법이

다양하고, 정밀한 묘사가 가능하며 화학적인 방법을 이용하여 우연적인 표현도 가능하다. 섬세하게 판각된 요철이 강한 압력에 의해 눌려 찍히는 까닭에 선이 찍힌 부분의 종이가 약간 도드라지며, 찍은 후에 종이에 판 자국이 남는다.

(3) 종류

① 직접적인 방법

도구를 이용하여 직접 판면에 이미지를 물리적으로 새기는 방법이다.

- 드라이포인트: 에칭 바늘로 동판 위에 드로잉하는 방법으로 인그레이빙에 비해 가늘고 부드러운 선이 그려진다.
- 인그레이빙: 동판화 중 가장 오래된 기법으로 니들과 뷰린으로 동판을 선각 후 파낸 선에 잉크를 채운 후 동판프레스로 찍어 내는 기법으로 완성된 선은 날카롭고 단단한 느낌이다(김서영, 2005).

램브란트, 이 사람을 보라(드라이포인트),1655

알브레히트 뒤러, 골방 안의 성 제롬 (인그레이빙), 1514

• 메조틴트: 금속판의 표면 전체에 수많은 작은 홈을 쪼아서 판화를 찍는 기법으로, 홈들 속에 담겨 있던 잉크가 퍼져 넓은 색채 면을 이뤄 자유롭게 중간 색조를 표현할 수 있고 밝고 어두운 명암 조화를 무수한 단계로 만들 수 있다(김원, 2003).

루퍼트 왕자, The Great Exeutioner, 1658

② 간접적인 방법

산을 이용하여 화학적인 방법으로 판을 부식하는 방법이다.

• 에칭: 판에 그라운드를 바른 뒤에 원하는 드로잉대로 그라운드를 긁거나 벗겨 낸 후 산에 담가 원하는 깊이만큼 부식시키는 방법으로 선의 농도와 강도를 조절할 수 있는 등 소묘에 가까운 자유로운 선이 얻어진다.
• 아쿼틴트: 면으로 톤을 만드는 방식으로 기존에 에칭에서는 주로 선적으로 이미지를 묘사하였으나 이 기법의 고안으로 다양한 중간 톤의 형성이 가능해졌고, 따라서 명암의 단계를 쉽게 표현할 수 있게 되었다. 입자로는 송진가루, 라커 스프레이, 샌드페이퍼, 아스팔텀, 하드 그라운드 등이 사용된다(김종덕, 2013).

렘브란트, 헝클어진 머리의 렘브란트
(에칭), 1631년경

프란시스코 고야, 죽음의 재촉
(아쿼틴트), 1799

- 포토에칭: 감광액이 발라진 금속판 위에 포지티브 필름을 얹고 빛에 노출시키면 필름의 검은 부분이 현상액 속에 녹아 판면을 드러내는데 이것을 부식시키면 이미지가 오목판 방식으로 판면에 나타나는 기법이다(가성현, 2004).
- 엠보싱: 다른 판화의 형식처럼 물체의 돌출된 부분과 함몰된 부분이 드러나는 곳에 종이를 덧대어서 압력을 가하여 찍어 내거나, 직접 제작하는 형식의 기법으로 잉크를 묻히지 않고 제작하는 것이 특징이다. 젖은 종이로 제작할 때 다양한 색깔의 종이를 혼합하여 여러 가지 색상을 만들 수 있다(송대섭, 하임성, 2008).

가성현, 들풀1(포토에칭), 2004

엠보싱 판화

3) 평판화

(1) 원리 및 찍는 방법

평판화는 평면상에 물과 기름이 서로 배척하는 성질을 이용하여 드로잉된 부분에만 잉크가 올라가게 하여 석판 프레스로 찍어 낸다.

(2) 특징

평판화는 판 위에 자유롭게 그려서 작업을 하여 붓자국, 스케치한 선의 효과 등을 자유롭게 표현할 수 있는 간접표현이면서도 회화적인 표현이 가능하다.

(3) 종류

- 석판화: 평판화의 대표로 평면상에서 물과 기름이 분리되는 원리를 이용한 판화이다. 판재로는 석판, 아연판, 알루미늄판이 사용되고 있다.
- 모노타이프: 유리나 아크릴판 같이 매끈한 표면에 직접 잉크 또는 물감을 칠한 다음, 손가락, 송곳, 타이프 등으로 그림을 그린 후 그 위에 종이를 덮어 누르는 기법이다. 이 판화는 한 장 정도밖에 찍을 수 없다.

에드바르트 뭉크, 절규(석판화), 1895

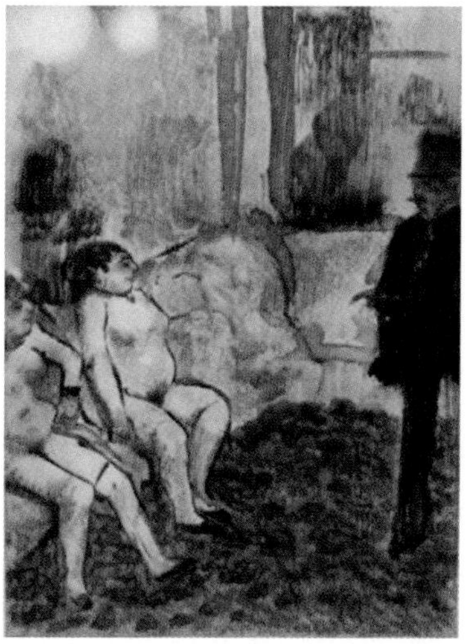

에드가 드가, 고객(모노타이프), 1879

• 데칼코마니: 반으로 접은 한쪽 지면에 물감을 적당히 배치하고 다시 반으로 접어 그 위에 종이를 덮어 눌러서 찍는 기법이다.
• 마블링: 세숫대야 같은 곳에 물을 담고 수면이 잔잔할 때 짙게 갈은 먹물이나 유성 잉크물을 떨어뜨리면 물 위에 무늬가 뜨는데 종이를 수면에 놓아서 이것을 떠내는 기법이다.

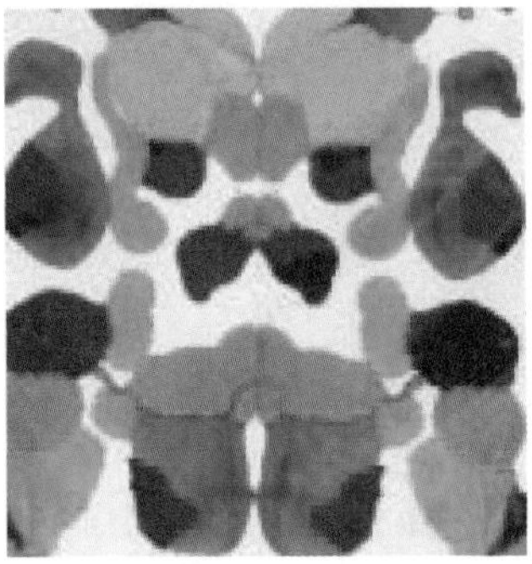
데칼코마니

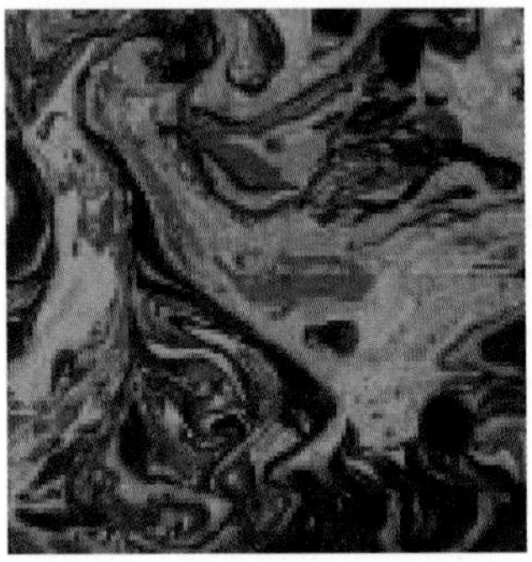
마블링

4) 공판화

(1) 원리 및 찍는 방법

공판화는 그리고 싶은 모양을 오려 내거나 차단하여 판면에 뚫린 구멍으로 잉크를 밀어 넣음으로써, 막힌 부분은 종이 그대로 남고 뚫린 부분만 잉크가 새어 나가 종이에 찍히도록 하는 기법이다. 대표하는 기법으로는 스텐실stencil과 실크스크린silk screen이 있다.

(2) 특징

공판화는 재료와 용구가 간단하여 다른 작업에 비해 장소 및 용구, 크기에 제한을 받지 않고 작업할 수가 있다. 그러므로 언제 어디서나 손쉽게 작업이 가능하다. 또한 판과 찍을 도구의 유연성으로 어떤 소재에나 찍는 것이 가능하고 수성과 유성 잉크를 모두 사용할 수 있다. 또한 구멍에 잉크를 밀어 넣는 방식으로 제작하기 때문에 판의 좌우가 바뀌지 않는 유일한 특성을 지니고 있다(고난향, 2002).

(3) 종류

• 스텐실: 원하는 모양을 오려 내거나 잘라서 구멍을 낸 후 그 구멍에 물감을 넣어 그림을 찍어 내는 기법이다.

스텐실

• 실크스크린: 실크나 나일론 같은 천을 나무나 금속 틀에 씌우고 천 위에 원하는 이미지만 남기고 그 외의 부분을 감광액으로 차단한 다음, 스크린 밑에 인쇄될 종이를 놓고 그 위에 잉크를 부어 스퀴지(압착기)로 잉크를 누르면서 밀면 잉크가 통과되어 밑의 종이에 찍힌다. 이 기법은 이미지 구상이 자유로울 뿐만 아니라 다른 기법들보다 손쉽게 접근할 수 있고 이미지를 대량으로 복사할 수 있는 특징을 지녀서 포스터, 벽지, 옷감, 무늬 인쇄 등 다색판화에 많이 이용된다.

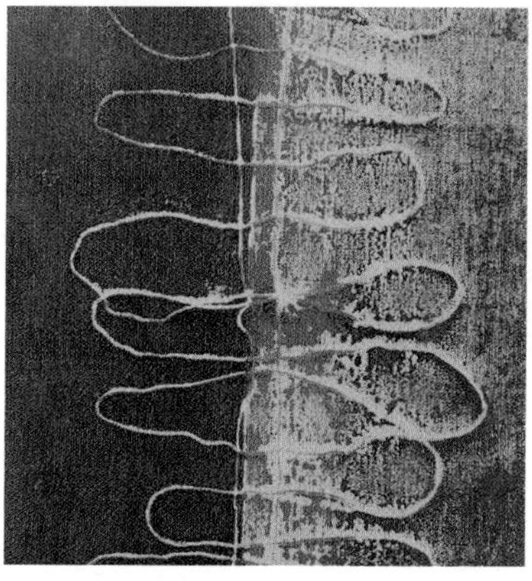

실크스크린, 학생 작품

5) 전사판화

- 사포판화: 거칠거칠한 사포판에 유성 성분의 크레파스로 그림을 그리고 이것을 강한 압력과 열을 가해 찍어 내는 판화 기법이다. 사포 특유의 질감을 나타낼 수 있으며 다색으로 표현된 것을 한꺼번에 찍을 수 있는 장점이 있다(이영기, 2000).

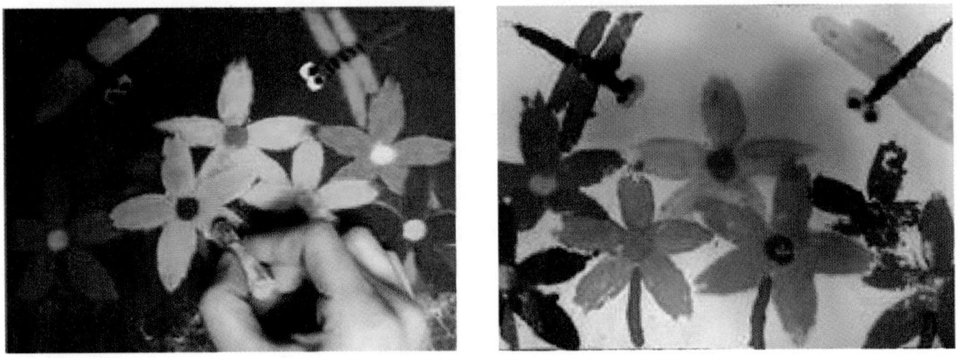

사포판화

- 부직포 판화: 부직포에 유성 성분의 크레파스로 그림을 그리고 이것을 강한 압력과 열을 가해 찍어 내는 판화 기법이다. 부직포의 질감을 나타낼 수 있으며 다색으로 표현된 것을 한꺼번에 찍을 수 있는 장점이 있다.

부직포 판화

- 습자지 판화: 다양한 색상의 습자지를 아름답게 모양을 구상해 도화지에 붙인 후 분무기로 물을 뿌려 찍어 내는 방식의 판화 기법이다. 이 기법은 물로 인해 습자지의 색이 배어 나와 찍히는 원리의 기법이다.

습자지 판화

제6장

아동미술과 조소

1. 조소란

- 조소는 조각의 '조彫' 와 소조의 '소塑'를 합친 합성어로 조彫는 '새기다' '칼 따위로 파다'라는 뜻을 지니고, 소塑는 '흙을 빚다' '만들다'의 뜻을 지녔다.
- 조소는 시각예술의 한 분야로 사물을 입체로서 표현하고 공간 속에 존재하는 덩어리를 형성시킴으로써 평면적인 회화와는 달리 삼차원의 입체감을 표현하는 조형 예술이다(이석수, 2008).

2. 조소의 표현 요소

- 양감: 조소 작품에서 필수적인 요소로, 무게나 덩어리의 느낌을 말한다.
- 공간감: 작품 내부에 생기는 공간과 작품을 둘러싼 주변 공간 등의 아름다움과 조

화를 말한다.

- 동세: 인물이나 동물 등에서 느낄 수 있는 움직임이나 방향감을 말하며 작품에 생동감을 준다.
- 균형: 어느 한쪽으로 치우치지 않는 조화로움을 말하며, 무게의 균형과 부피의 균형 등이 있다.
- 비례: 선의 길이, 비례, 면의 비례, 덩어리의 부피 비례 등이 있다.
- 재질감: 돌, 나무, 석고 등의 재료에서 느낄 수 있는 독특한 표면의 느낌을 말한다 (정광성, 2012).

3. 조소의 표현 양식

- 환조: 완전한 입체로 사방에서 감상할 수 있다.
- 부조: 반입체적인 조형물로 정면에서만 감상할 수 있다.

미켈란젤로, 다비드상
(환조, 1501~1504)

오귀스트 로댕, 지옥의 문
(부조, 1880~1917)

- 심조: 부조의 반대개념으로 무늬 부분을 들어가게 파서 나타낸다.
- 투조: 부조 형식의 기법으로 여백을 뚫어 정면과 후면에서 감상이 가능하다.

이집트의 아크나톤, 네페르티티와 그들의 자식들
(심조, 기원전 1345)

금동투조금구 안의 삼족오
(투조, 고구려)

• 선조: 윤관선을 가는 선으로 파내거나 덧붙여서 만드는 것으로 공예품에 많이 쓰인다.

선조 세공 물병, 국립 르네상스 미술관

4. 조소의 표현 형태

• 구상: 눈에 보이는 사물을 객관적으로 표현하는 것을 말한다.
• 비구상: 어떤 구체적인 형상을 갖추지 않은 순수한 조형요소만으로 이루어진 형으로, 기하학적 추상과 서정적 추상이 있다.

5. 조소의 표현 부위에 따른 명칭

- 마스크: 얼굴만 표현한 것을 말한다.
- 두상: 머리 부분만을 표현한 것을 말한다.

구본주, 데드 마스크, 2003

알렉산더 대왕 두상, 기원전 325~300년경

- 흉상: 가슴 위의 부분을 표현한 것을 말한다.
- 반신상: 허리 위의 부분만 표현한 것을 말한다.

작가 미상, 안티누스 흉상, 18세기

플라비우스 가문의 여인(반신상)

• 좌상: 앉아 있는 모양을 표현한 것을 말한다.
• 입상: 서 있는 전신상을 표현한 것을 말한다.

오귀스트 로댕, 생각하는 사람(좌상), 1880

거창 농산리 석불 입상, 통일신라

• 와상: 누워 있는 모양을 표현한 것을 말한다.
• 등신상: 실제 사람의 크기와 같이 표현한 것을 말한다.

아리스티드 마이욜, 누워 있는 젊은 여인 (와상), 1861

카이딘 왕릉 문무관 석상 (등신상)

- 토르소: 팔, 다리, 머리가 없이 몸통만을 표현한 것을 말한다.
- 군상: 한 작품에 여러 사람을 같이 표현한 것을 말한다.

아프로디테 토르소

라오콘 군상, 기원전 175~150년경

6. 조소의 종류

1) 소조

- 기법: 소조 기법은 나무나 철사로 뼈대를 만든 다음, 찰흙이나 부드러운 흙 등 가소성이 있는 재료를 안에서 밖으로 붙여 가며 형상을 이루어 내는 기법이다.
- 재료: 찰흙, 석고, 브론즈

소조 과정

소조

자조상

부조

2) 조각

- 기법: 조각 기법은 나무, 돌, 쇠 등과 같은 양감 있는 단단한 재료에 평면도와 입면도, 좌우 측면도를 그리고 외부에서 내부를 향하여 깎거나 쪼아 가면서 작가가 생각하고 있는 형상을 만들어 내는 것이다(이창림, 2008).
- 재료: 돌, 나무, 석고 덩어리, 비누, 얼음, 동물의 뼈

조각 과정

오아시스 조각

비누 조각

3) 20세기 조소

20세기 들어 과학과 문명의 급격한 발달은 다양한 문화양상을 가져왔으며 기존과 다른 시각으로 세계를 볼 수 있게 만들었다. 예술가들 또한 시대에 민감하게 반응하여 새로운 표현 형식을 추구하게 되었다(김선화, 2013). 이 시기의 조소는 기존의 전통적인 조

소에 비해 다양한 재료를 활용하였고, 과학기술의 도입으로 움직이는 작품을 만들거나 빛을 이용하여 작품을 만드는 등 작품의 효과를 높였다. 또한 자연을 이용하여 자연환경과 조화를 이루는 작품을 만들기도 하였다.

- 레디메이드: 레디메이드는 '기성품'이란 뜻으로 작품을 제작하는 것이 아니라 이미 존재하고 있는 사물에 새로운 의미를 부여하여 작품으로 승화시키는 것이다. 대표작으로 마르셀 뒤샹의 〈샘〉이 있다.

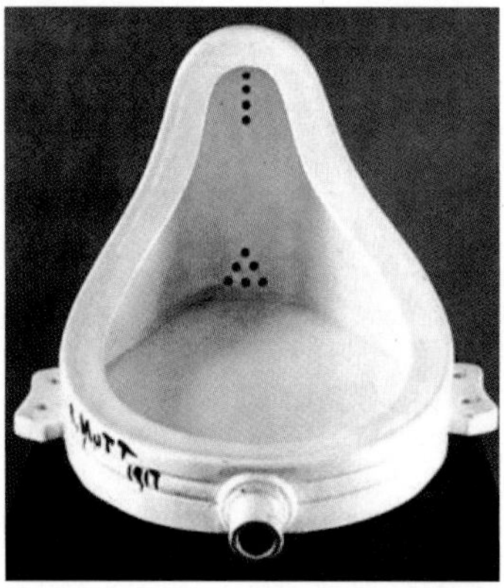

마르셀 뒤샹, 샘, 1917

친구, 아동 작품

- 키네틱 아트: 키네틱Kinetic이란 '움직임'을 뜻하는 그리스어에 어원을 두고 있는 용어로 키네틱 아트는 작품 그 자체가 움직이거나 그것을 주요 요소로 하는 예술 작품을 말한다(정필성, 2009).

마르셀 뒤샹, 자전거 바퀴, 1913

pvc 모빌

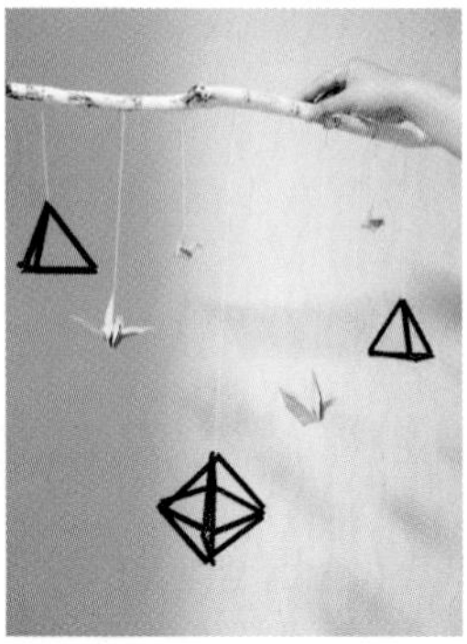

빨대 모빌

• 설치미술: 설치란 평면 회화나 조각과는 달리 이미 완성된 작품을 전시공간에 걸거나 놓아둔 것이 아니라 전시공간의 여건에 맞추어 작품을 설치하는, 이른바 현장 위주의 작업을 가리킨다(강소정, 2008).

서도호, Bringing Home

박스로 만든 설치미술

• 아상블라주: 아상블라주는 원래 '모으기, 집합, 조립'이라는 의미를 지닌 단어로서, 현대의 새로운 단어가 아니라 고대로부터 직물 조각을 자르고 이어 붙이거나 나무를 짜 맞추어 건축물을 구성하는 것 등을 가리켜 온 용어이다. 아상블라주란 여러 가지 평범한 물건들, 즉 찢어진 종이 조각, 사진, 나무, 메달, 조개, 돌, 인형과 같은 다양한 사물들을 결합 혹은 조합하여 하나의 조형을 이루는 표현 형식을 뜻한다(강소정, 2008).

폴리 베커, 제목 없음

아동 작품

• 정크아트: 폐품, 잡동사니, 고철 등 현대 사회에서 소모되고 폐기된 폐품을 소재로 작품을 제작하는 미술이다.

야스히토 우다가와, 투석기-삼색 황가슴 큰부리새

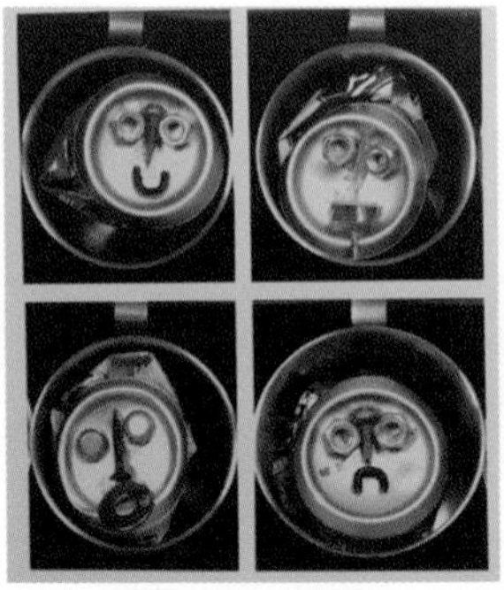
친구표정, 학생 작품

사자, 학생 작품

• 비디오 아트: 비디오 아트란 우리에게 친숙한 텔레비전을 표현매체로 하는 예술로서 1970년대 전반부터 성행한 현대미술의 한 경향이다(민춘일, 2010). 대표작으로는 백남준의 〈다다익선〉이 있다.

권순환, 사각변주(四角變奏), 2010

텔레비전 영상 표현

• 라이트 아트: 1960년대에 빛의 효과를 극적으로 살려 새로운 시각적 이미지를 창출해 내려는 의도에서 일어난, 또한 빛을 장식적으로 보지 않고 빛을 매개로 하여 과학과 예술의 결합 가능성을 추구한 미술운동이다(박원규, 2006).

브루스 먼로, 워터 타워

그림자 그림(문어)

• 대지미술: 실제의 자연을 오브제의 개념으로 보는 설치미술의 한 흐름으로 자연을 이용하고 자연과 함께 작품으로 재탄생시키는 대규모 예술이다(정유은, 2011).

짐 데네반의 대지미술

허수아비

제7장

아동미술과 디자인

1. 디자인이란

디자인은 어떤 시각적 형상을 만들어 내기 위해 구성요소들을 계획적으로 배치하는 것을 말한다. 따라서 디자인을 한다는 것은 계획을 하는 것이며 또한 조직화해 내는 일이기도 하다(최옥진, 2001).

2. 디자인의 조건

- 합목적성: 사용 목적에 적합하고 편리해야 한다.
- 심미성: 형태, 색, 재질에 있어서 서로 조화를 이루고 아름다워야 한다.
- 경제성: 허용된 디자인 여건 속에서 가장 뛰어난 결과를 만들어야 한다.
- 독창성: 새로운 가치를 추구하며 다른 디자인과 차별성을 두어야 한다.

- 질서성: 디자인의 4대 조건인 합목적성, 심미성, 경제성, 독창성 등이 서로 조화를 이루도록 유지해야 한다.

3. 디자인의 요소와 원리

1) 디자인의 요소

조형의 요소라고도 하며 형태를 만들기 위해 이용되는 기본 요소를 말한다.

(1) 형태

'형태'는 주로 시각과 촉각에 의해 지각되기 때문에 색과 함께 대상의 감각적 경험을 형성하는 중요한 요소이다. 형이란 어떤 형체의 윤곽이라고 말할 수 있으며, 형태는 형으로 이루어진 윤곽, 내부 형태, 구조를 가지고 있는 본질적인 것으로서 3차원적 표현 용어이다. 형태의 기본 요소는 점, 선, 면, 입체로 구분된다.

- 점: 기하학적 정의에 의하면 면적 없이 위치만을 표시하는 것을 말하며 목적에 따라 사용할 수 있는 기호이다. 이는 상징적인 의미를 전달할 수 있으며, 형을 이루는 데 있어 가장 기본이 되는 요소이다.

- 선: 무수한 점들의 연속이며, 점이 이동하며 남긴 경로이다. 선은 점의 이동에 따라 직선, 곡선이 생기며 선이 놓이는 방향과 길이에 따라 방향성과 운동력을 표현할 수 있다. 이러한 선은 조형 작업에서 구체적으로 사용할 수 있는 기본이 되며, 사물의 외곽을 구성함으로써 형태를 나타내는 도식의 역할을 하고, 디자인되는 대상의 본질을 결정하는 중요한 디자인 요소이다.

• 면: 공간을 구성하는 기본 단위로 정해진 위치에 있어서 길이 및 폭의 방향으로 퍼진 2차원의 연속체이다. 점의 확대, 선의 이동이나 폭의 확대 등에 의해 성립되며 원근감과 질감을 포함할 수 있고 점, 선에서는 별로 느낄 수 없는 색채의 효과에 의한 공간감과 입체감을 나타낼 수 있다.

• 입체: 면이 이동하여 생기는 형으로 점, 선, 면보다도 명백하고 보다 많은 특징을 갖는다. 그것은 굵기와 긴밀함, 한정성, 3차원성, 무게 등이다.

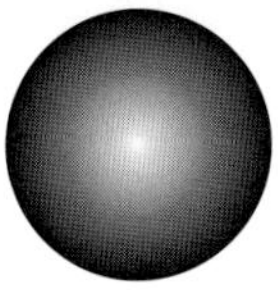

(2) 색채

'색'이란 빛에 의해 생기는 주관적 감각이며, 그 대상물 자체에 있는 고유의 성질이다. 색은 광원으로부터 나오는 광선이 물체를 비추어 반사, 분해, 투과, 굴절, 흡수될 때 안구의 망막과 여기에 따르는 시신경이 자극됨으로써 감각된 현상으로 나타난다. 색에는 색상, 명도(밝고 어두움), 채도(맑고 탁함)의 세 가지 속성이 있다.

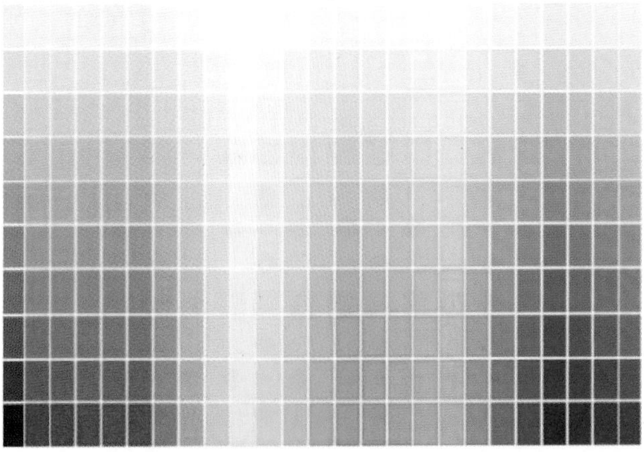

(3) 질감

'질감(texture)'이란 사물의 표면적 특성에서 느껴지는 재료에 따른 재질감을 말한다. 질감에 대한 식별은 실제 만져서 알 수 있는 촉각적 질감과 눈으로 보아서 구별할 수 있는 시각적 질감으로 구분하기도 한다. 질감은 명도에 의해 다르게 보일 수도 있고 시각적 거리감에 따라 전혀 다른 느낌을 주기도 한다.

2) 디자인의 원리

디자인의 원리란 어떤 시각적 형태를 형성하기 위하여 그것이 이루어져야 할 각 요소들 간의 질서를 만들기 위한 구조적 계획이다. 즉, 디자인 요소들이 어떤 특정한 효과를 성취하기 위해 어떻게 결합되어야만 하는가를 결정하는 구성 계획이라 할 수 있다.

(1) 조화

조화란 두 개 이상의 요소 또는 부분의 상호관계에서 그들이 서로 분리되거나 배척하지 않고 통일된 전체로서 높은 감각적 효과를 발휘할 때 일어나는 현상이다(강인산, 2008).

(2) 통일

통일감은 형, 색, 재료, 질감 등에서 미적인 결합으로 이루어지는 하나의 일관성을 말한다. 적절한 변화와 통일의 균형은 디자인 구성에 있어서 가장 기본적인 요소가 된다.

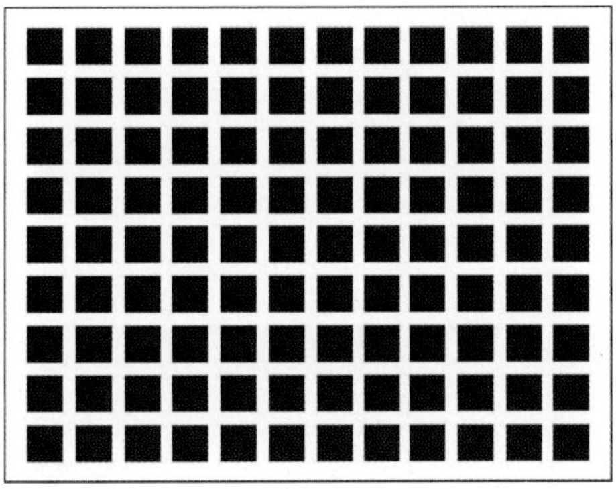

(3) 대비(대조)

명백히 반대되는 두 개 사이에서 형성되는 감각상의 차이로 비교되는 대조현상을 말한다. 대비에서는 선의 대비, 형의 대비, 색의 대비(채도대비, 명도대비, 보색대비, 색상대비, 면적대비 등)가 있다. 대비는 리듬, 균형, 통일 등에 변화를 주는 요소이다.

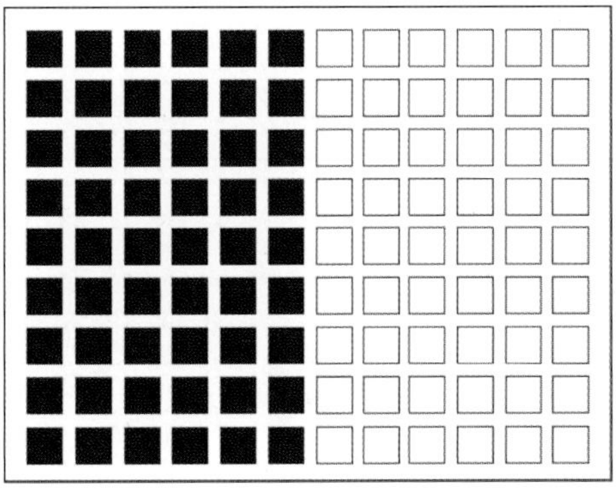

(4) 균형

한 구조물에서 모든 힘이 평형이나 균형 상태에 이르도록 하는 힘의 분산을 말한다. 즉, 대칭과는 달리 좌우 비대칭으로서 얻는 형태상의 시각적 · 정신적 안정감을 말한다.

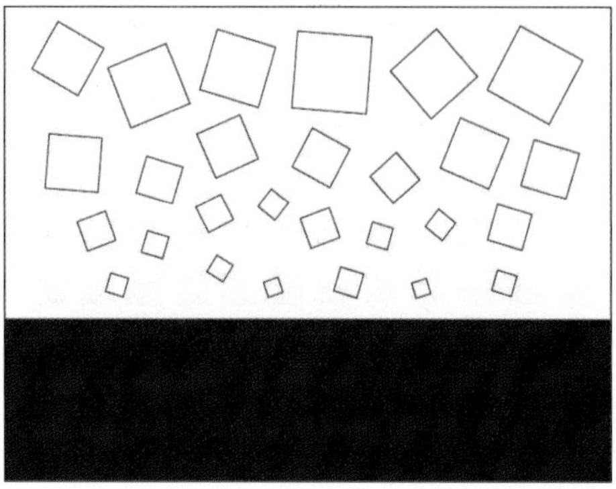

(5) 대칭

대칭은 균형의 가장 정형적인 구성형식이며 가장 일반적으로 균형이 잡힌 상태를 말한다. 대칭 구성에서는 이미지를 이루는 모든 부분들이 중심선으로부터 등분되거나 똑같이 위치하도록 배열된다.

비대칭은 대칭의 반대로 이미지의 구성 부분 중에서 모든 부분 또는 거의 대부분이 중앙 축으로부터 양분되거나 동등하게 위치할 수 없도록 배열된다.

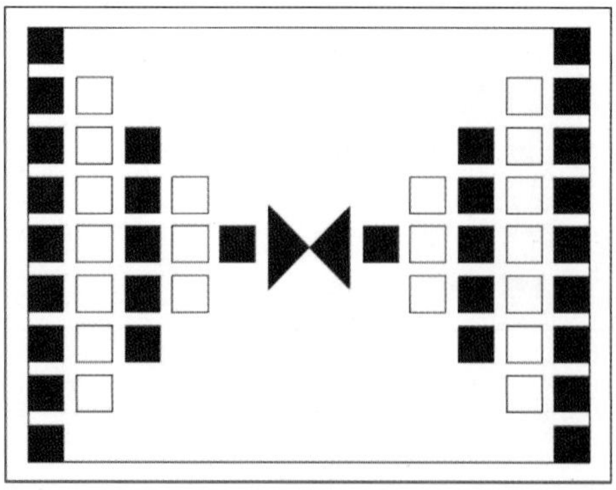

(6) 율동

율동은 통일성을 전제로 한 동적 변화의 원리이다. 억양이라든가 농담, 명암 등이 규칙적으로 반복 · 배열됨으로써 균형이 유지되고 인상의 강화가 이루어진다.

(7) 비례

비례는 다른 요소들을 어떤 종신적 규범이나 기준에 대비하여 측정한 크기로서 물질의 크기나 길이에 대하여 그것이 가진 양과의 관계를 뜻한다.

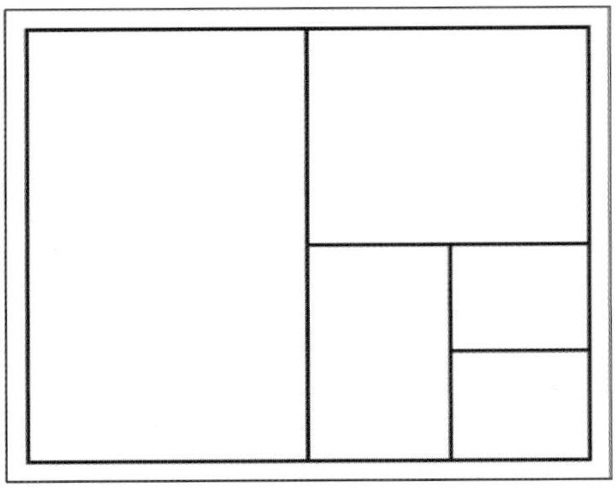

(8) 강세

강세(강조)는 어떤 주변 조건에 따라 특정한 부분을 강하게 하여 눈에 띄게 해 주는 요소로서 방사대칭의 중심 성질과 같은 것이다. 가장 강한 통일감이며 어떠한 점을 끄집어내어서 연출하는 것을 나타낸다.

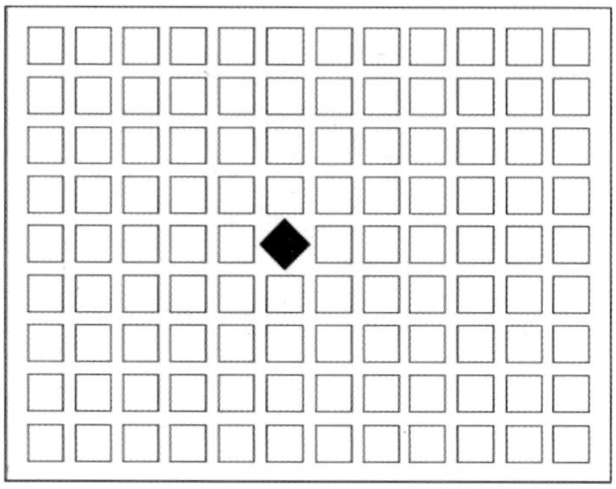

4. 디자인의 종류

1) 시각 디자인

인간이 받아들이는 정보의 대부분은 눈에 의해서 받아들여지고 있으며, 인간의 커뮤니케이션은 주로 시각에 의해서 이루어지고 있다. 이렇게 정보를 시각에 의해 전달하는 디자인을 시각 디자인 또는 시각전달 디자인이라 한다. 시각 디자인은 색채와 형상, 그림기호, 사진이미지 등의 기호를 매개로 해서 시각을 통하여 정보를 전달하기 위한 디자인으로서, 대화와 음악 등을 '듣는 전달'이라 한다면 시각 디자인은 '보는 전달'이라 할 수 있다(김경미, 2009).

(1) 일러스트레이션

'일러스트레이션'은 대중을 위해 출판(인쇄)되는 것을 목적으로 그린 그림, 또는 주문에 의해 그린 그림을 말한다. 일러스트레이션은 넓은 의미로는 회화, 사진이미지를 비

김보라, 동화 '어떻게 할 거야?' 中, 2012

롯하여 도표, 도형 등 문자 이외의 시각화된 것을 가리키지만, 좁은 의미로는 핸드 드로잉에 의한 그림을 뜻한다. 주로 신문, 잡지, TV, 영화 등의 대중매체를 통해 복제되어 전달되며 약어인 '일러스트' 로 쓰이기도 한다.

(2) 캐릭터 디자인

캐릭터 디자인이란 사물의 성격, 특징 등을 시 · 청각적으로 가장 잘 나타내고 표출하는 디자인을 말한다(김명산, 송낙웅, 2002).

캐릭터 그리기

(3) 타이포그래피

문자는 인간 사회에 없어서는 안 될 중요한 시각적 표현 수단이다. 타이포그래피는 이러한 문자에 의한 정보전달을 의미하는 것으로서 주로 글자를 구성하는 디자인을 일컫는다.

서울 타이포그래피

의성어 디자인

이름 디자인

(4) 편집디자인

편집 디자인은 신문, 잡지, 브로슈어, 서적, 홈페이지 등에서 시각물을 구조적으로 디자인함으로써 대중이 좀 더 편안하게 편집물을 접할 수 있도록 기획, 원고, 편집, 인쇄를 하는 전 과정을 말한다.

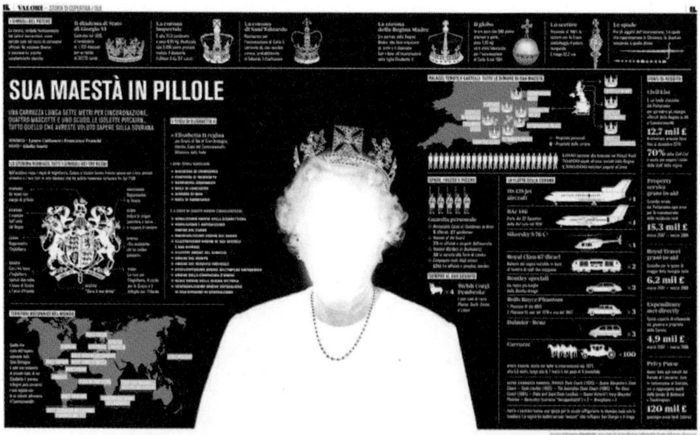

이탈리아 시사잡지 IL

(5) 광고 디자인

광고는 기업의 판매를 촉진시키기 위한 의사 전달 활동이므로, 상품이나 서비스를 대중에게 널리 알리고 그 상품을 구매하도록 설득하는 것에 목적을 두는 디자인 영역이다. 이러한 면에서 광고는 일종의 소비자 교육이라고 할 수 있는데, 가장 많은 예상 고객에게, 최소의 비용을 들여, 가장 효과적인 방법으로 전달하는 것이 광고의 핵심이다.

코카콜라

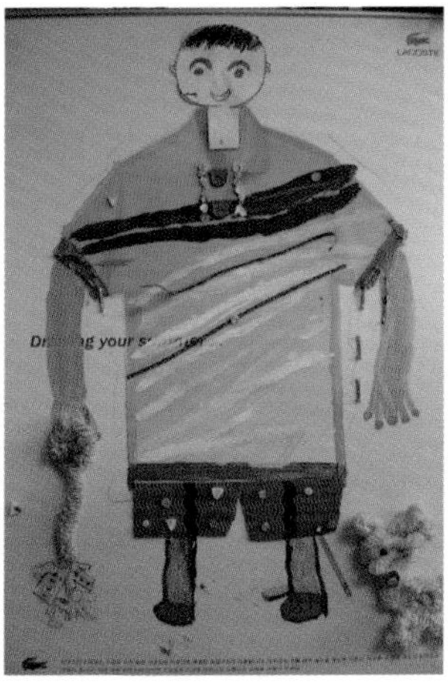
광고디자인

광고디자인

(6) 패키지 디자인

포장은 상품을 안전하게 보호하고 상품의 내용이나 정보를 명확히 하여 소비자가 그 상품을 사도록 유도하는 기능을 가진다. 본래 포장은 단지 '제품을 담는 것' '내용물을 싸는 것'이란 의미였지만 현대의 포장은 그 기능이 확대되어 생산에서 소비까지의 유통 과정에서 제품을 보호해 주는 기능뿐 아니라 소비자의 구매를 자극할 수 있는 심미성을 가져야 하고, 제품의 내용이나 정보를 알려 주는 전달력도 있어야 한다.

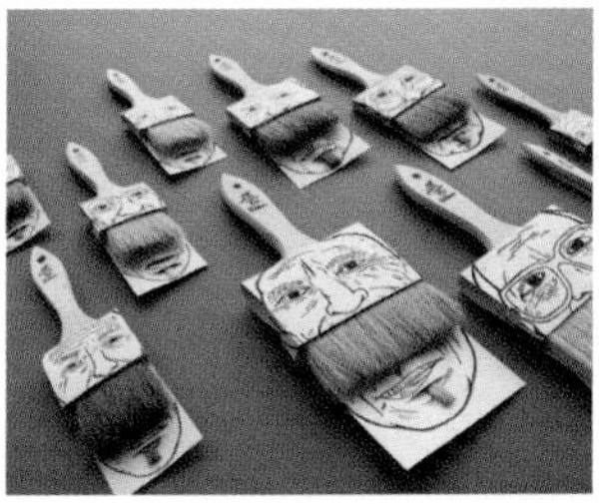
Poilu 페인트붓

패키지 디자인

패키지 디자인

(7) 아이덴티티 디자인

아이덴티티 디자인은 기업이나 단체, 조직 등의 '인격화'를 시각적으로 형상화하여 대중에게 그 심상을 전달하는 것이다. 아이덴티티 디자인의 기본 시스템은 심벌마크, 로고타이프, 색, 서체, 캐릭터, 패턴, 보디라인, 시그니처 등으로 기업의 미래상을 대내외에 알릴 뿐만 아니라 도입한 디자인을 서식류, 차량류, 유니폼 등의 매체에 적용함으로써 대중과의 커뮤니케이션 기회를 증대시키는 역할을 한다. 또 대중에게 기업의 신뢰도를 향상시켜 궁극적으로 이윤을 증가시키고 사원에게는 미래 지향적인 기업상을 심어 줌으로써 사원 간에 일체감을 가지게 하여 업무 능력을 배가시킨다(변상태, 2002)

기업용품

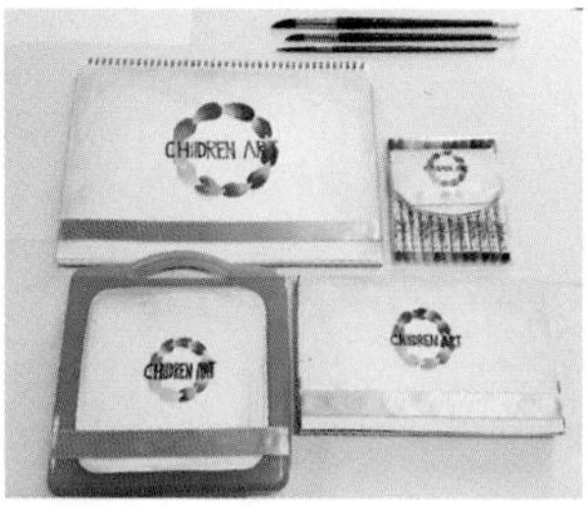
미술용품

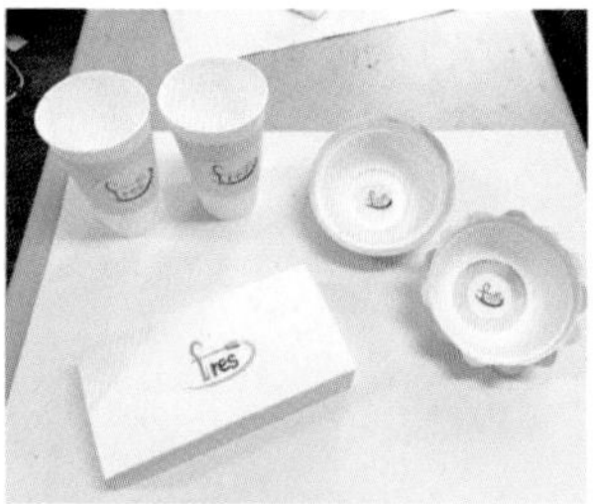
일회용품

(8) 영상 및 멀티미디어 디자인

영상이란 글자 그대로 광선의 굴곡 혹은 반사를 따라 물상이 나타나는 것(동중우, 2002)으로, 이와 같은 원리를 응용하여 디자인에 활용하고 있는 것이 바로 영상 디자인이다. 영상 디자인의 주된 매체는 영화나 텔레비전, VTR, 컴퓨터 등이다.

영화 〈아바타〉 중

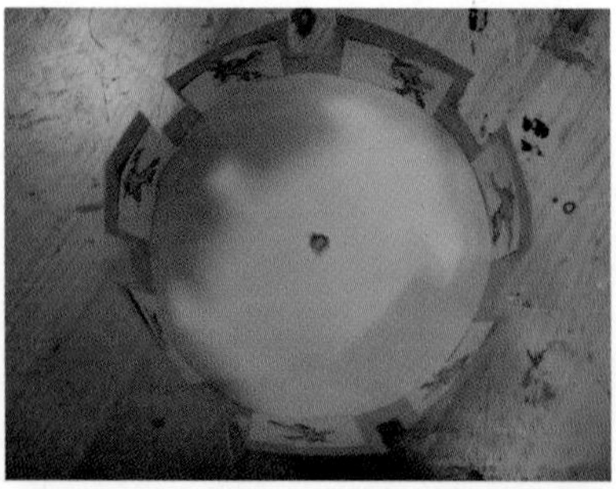
조트로프 애니메이션

2) 제품 디자인

제품 디자인은 산업의 생산성과 관계하여 대량생산이 가능한 디자인을 일컬으며 기능성, 조형성 등을 고려하여 인간중심의 편리함을 추구하는 디자인이다(차정운, 2007). 또한 제품 디자인은 수공업에 의해 일품으로 생산되는 공예 디자인과 공업생산 규모에서 조직적으로 대량생산되는 공업 디자인으로 분류된다. 조금 더 구체적으로 설명하자면, 분업을 통해 각각 다른 개인에 의해서 체계적으로 제작될 경우는 공업 디자인 제품이라 말하고, 한 사람의 감수성으로 처음부터 끝까지 유기적으로 제작될 경우는 공예품이라고 말할 수 있다(김현준, 2013).

제품 디자인

연필꽂이 디자인

액자 디자인

시계 디자인

3) 의상 디자인

의상 디자인은 기본적으로 직물, 가죽, 금속, 비닐 등 여러 가지 소재를 가지고 우리가 입을 수 있는 옷을 만드는 전 과정을 말한다. 옷은 단순히 신체를 가리고 보호하는 일차적인 기능뿐만 아니라 사회적·문화적 역할에 상응하는 자신의 위치와 입장을 표현하는 기능을 한다. 또한 오늘날 의상 디자인은 인간의 미적 욕구를 가장 먼저 표현해 내는 분야로서 인간의 생활과 한결 밀접하게 연관되어 있다(차정운, 2007).

의상 디자인

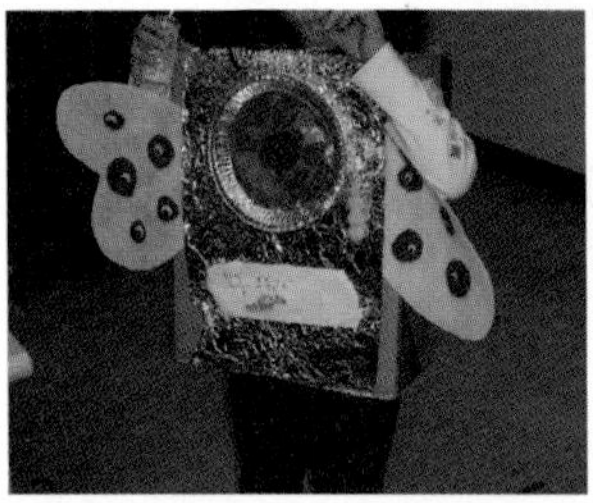

의상 디자인

티셔츠 디자인

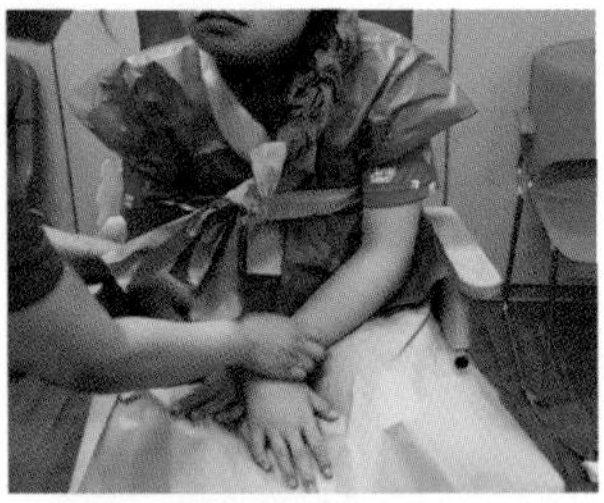

한지 의상 디자인

인형 의상 디자인

의상 디자인

신발 디자인

4) 환경 디자인

환경 디자인은 인간이 생존을 유지하는 데 필요한 생활환경을 편리하고, 아름답게 꾸밈으로써 삶을 풍요롭게 하기 위한 것이며, 생활공간과 자연환경을 보다 조화롭고 아름답게 계획하고 관리하는 과정을 다루는 디자인이다. 환경 디자인은 크게 실내 디자인과 실외 디자인으로 구분하며, 세부적으로 인테리어 디자인, 디스플레이 디자인, 무대 디자인, 공공 시설물 디자인, 건축 디자인 등이 있다(채주리, 2012).

실내 디자인

건축 디자인

무대 디자인

건축 디자인

건축 디자인

실내 디자인

실내 디자인

환경 디자인

환경 디자인

환경판 디자인

환경판 디자인

5) 색채 디자인

색채 디자인이란 색채와 디자인의 합성어로 색상을 시각적 의도에 맞게 계획하고 설계하여 색상을 통해 디자인의 경쟁력을 높이는 것을 말한다. 올바른 색채 디자인을 하기 위해서는 색의 조화, 색의 배색, 색의 감정에 대한 지식이 필요하다.

(1) 색채 디자인의 요소

- 주조색: 면적의 비례에 약 70% 이상을 차지하는 가장 넓은 부분의 색으로 전체의 기본적인 이미지를 형성하는 색을 말한다.
- 보조색: 면적의 비례에서 약 20~30%로 주조색 다음으로 많은 면적을 차지하며, 주조색을 보완해 주는 색이다.
- 강조색: 면적의 비례에서 약 5~10% 이내에서 시각적인 강조나 면의 미적인 효과를 위해서 사용하는 색을 말한다. 강조색은 주조색 표면과 보조색 표면으로부터 두드러지게 구분되며, 자극적이고 주의를 끌며 신호작용을 하며 활기를 준다.

(2) 유채색과 무채색

무채색은 흰색, 회색, 검정의 색기가 없는 색을 말한다. 무채색을 제외한 모든 색을 유채색이라고 하며 유채색에 무채색을 혼합하여도 색기가 있는 한 유채색이라고 한다. 유채색은 무려 750만 종이나 되지만 실제 눈으로 식별할 수 있는 색은 300여 종에 불과하고 일상생활에 필요한 색은 50여 종에 그친다.

(3) 색의 3속성

우리가 색채를 보고 느끼는 요인에는 세 가지가 있다. 그 하나는 빛의 파장 자체를 나타내는 것으로 색상(hue) 요인이고, 두 번째는 밝고 어두운 정도를 나타내는 명도(value) 요인이며, 세 번째는 색 파장의 순수한 정도를 나타내는 채도(chroma) 요인이다. 우리는 어떤 색상을 지각할 때 항상 이 세 가지 요인을 함께 느낀다.

① 색상

유채색만이 갖는 속성으로 빨강, 노랑, 파랑 등의 색기 차이를 색상이라 한다. 물체가 반사하는 빛의 파장에 따라 색상이 달라지며 무수히 많은 색상이 존재한다. 이처럼 감각에 따라 식별되는 색의 종별, 즉 색채를 구별하기 위해 필요한 색채의 명칭을 색상이라 한다.

② 명도

무채색과 유채색의 공통점은 밝음과 어둠을 가지고 있다는 점이다. 밝음과 어둠을 가지고 있다는 것, 즉 빛이 반사하는 양에 따라 색의 밝고 어두운 정도를 느끼는 것이 명도이다. 다른 색상끼리도 이러한 밝음을 비교할 수 있으며, 비교된 두 색상 중에서 빛의 반사율이 높은 쪽이 밝은 것이다(김혜리, 2010).

양 끝 상하는 고명도, 중간 상하는 저명도 대비

③ 채도

색의 순도, 포화도라고도 하며 색의 선명도, 즉 색채의 강하고 약한 정도를 말한다. 포화도가 최대 채도라 하여 최대 채도에 가까운 부분의 색을 순색이라고 한다. 이러한 순색은 섞으면 섞은 만큼 채도가 낮아진다. 감법혼색에서 삼원색을 혼색하면 채도가 가장 낮은 검정색이 되며, 색채의 여러 색상을 많이 혼색할수록 그 색채는 채도가 점점 낮은 무채색으로 변한다.

(4) 색의 혼합

색을 혼합하는 방법은 일정한 원칙이 있는데, 색의 소재가 일치하고 혼합하는 방법에 규칙성이 있어야 한다. 이를 기준으로 할 때 가법혼색, 감법혼색으로 구성될 수 있다.

- 가법혼색: 빛의 색을 서로 더해서 빛이 점점 밝아지는 원리를 이용하는 것이다. 이것은 섞을수록 명도가 높아진다(빨강+파랑+녹색=흰색).
- 감법혼색: 색을 더할수록 밝기가 감소하는 색 혼합으로 어두워지는 혼색을 말한다. 이것은 섞을수록 채도가 낮아진다(빨강+파랑+녹색=검정색).

(5) 색의 대비

대비란 성질이 반대가 되거나 또는 성질이 서로 다른 것을 경험할 때 이들 성질의 차이가 과장되어 느껴지는 현상으로, 두 색채의 효과를 비교하여 서로 간에 명백한 차이가 나타나거나 어떤 색이 다른 색의 영향으로 말미암아 실제와는 다른 색으로 변해 보이는 현상을 색의 대비라 한다.

① 색상대비

색채 간의 차이를 느끼는 주된 요인이 색상인 경우를 색상대비라 한다. 색상은 색채의 차이를 느끼게 하는 가장 기본적인 속성이다. 색상 간의 대비가 가장 강하게 느껴지는 색은 삼원색이다. 삼원색은 다른 색을 혼합해서 만들 수 없는 색이기 때문에 그 차이는 가장 명료하게 느껴진다.

② 명도대비

색의 밝고 어두운 정도를 말하는 것으로 밝기가 다른 두 색이 서로의 영향으로 인하여 밝은 색은 더 밝게, 어두운 색은 더 어둡게 보이는 현상이다. 어떤 색을 흑색 배경 위에 놓으면 흰 배경 위에 놓여 있는 색보다 밝게 느껴질 것이다. 이같이 명도의 차를 특히 강조하여 보이는 대비를 명도대비라고 한다.

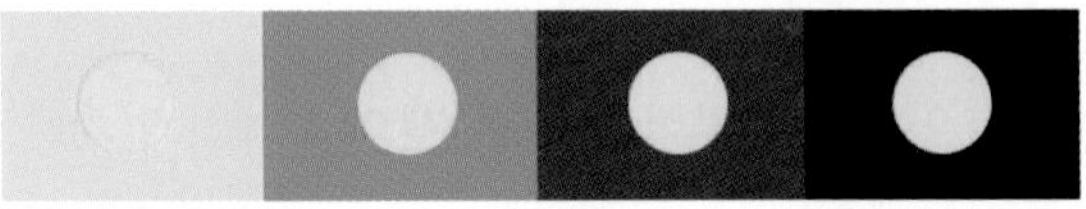

③ 채도대비

짙고 선명한 색과 탁하고 흐릿한 색 사이에 생기는 대비를 말한다. 즉, 적색과 자색의 색지를 인접하면 적색은 더욱 선명하게 보이고, 자색은 더욱 탁해 보이는 것이다.

④ 한난대비

차고 따뜻한 색을 서로 같이 대비하였을 때의 효과를 말한다. 어떠한 온도도 다른 온도와 비교하면 높을 수도 낮을 수도 있듯이 이런 특성도 서로 상대적이다.

⑤ 보색대비

보색관계인 두 색을 나란히 놓으면 서로의 영향으로 인하여 각 색의 채도가 더 높아져 보이는 대비현상이다. 보색은 적절한 비례로 사용되었을 때 정적이고 안정된 영상 효과를 가져다준다. 예를 들면, 빨강과 녹색, 노랑과 보라, 파랑과 주황 등이 있다.

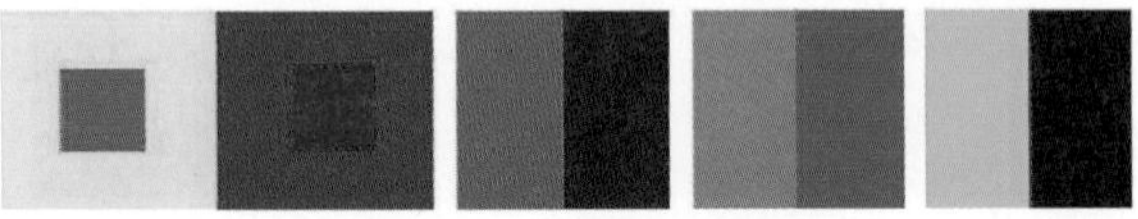

⑥ 동시대비

두 색 이상의 색들을 한꺼번에 볼 때 생기는 대비로서 어느 주어진 색에 대하여 눈이 동시적으로 그 보색을 요구한다. 두 개의 다른 자극이 동시에 나타날 때 일어나는 강한 작용을 말한다(임향자, 2009).

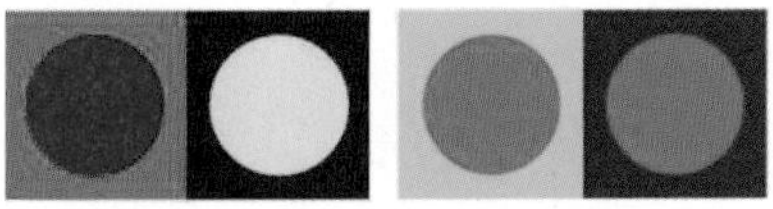

⑦ 면적대비

색채가 면적 비에 따라 다르게 느껴지는 차이를 의미한다. 최고 채도의 순색에 있어서 각 색상이 지닌 명도에 따라 그 면적의 배분을 달리함으로써 색의 균형을 느낄 수 있다. 즉, 명도가 높은 색상은 그 면적을 적게 하고, 명도가 낮은 색상은 그 면적을 크게 배분하는 것이 시각적으로 균형 있는 색 면을 구성하는 방법이다(김유진, 2008).

제8장

아동미술과 공예

1. 공예란

공예(工藝, crafts)는 '만들다'라는 뜻의 工(장인 공)과 '기술'을 뜻하는 藝(재주 예)가 합쳐진 단어로 '드물게 보는 훌륭한 기술로 장식하여 잘 만드는 것'이라는 뜻을 내포하고 있다.

공예는 실용적인 물건에 장식적인 가치를 부가함으로써 그 가치를 높이려고 하는 미술로 기능과 장식의 양면을 조화시켜 일상생활에 필요한 물건을 만듦으로써 인간의 삶을 보다 풍요롭고 윤택하게 하는 것이다.

2. 공예의 종류

공예는 크게 전통공예와 현대공예로 나눌 수 있다. 전통공예는 전통의 기법을 응용하여 현대생활에서 사용할 수 있는 공예품을 만드는 것이고, 현대공예는 현대에 와서 새롭게 개발된 공예 영역으로 그 종류가 무수히 많다.

1) 전통공예

(1) 도자공예

흙으로 만들고 불에 구워 제작하는 공예이다.

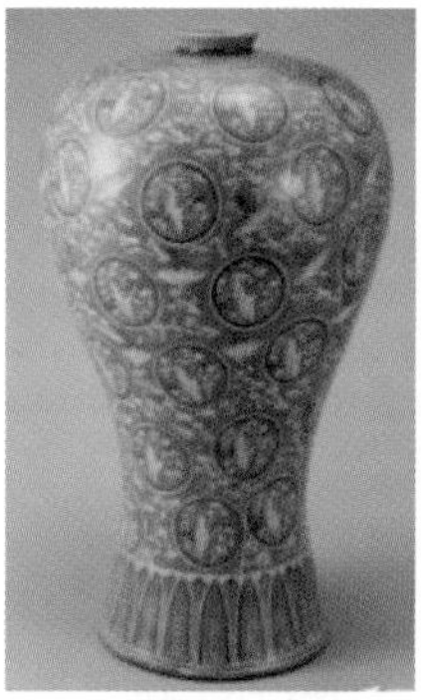

청자 상감운학문매병, 간송미술관 소장

도자공예

도자공예

(2) 금속공예

금속을 주재료로 해서 인간생활에 필요한 일용품이나 장식품을 만드는 공예를 말한다. 쓰이는 재료에 따라 귀금속공예와 보통금속공예로 나눈다.

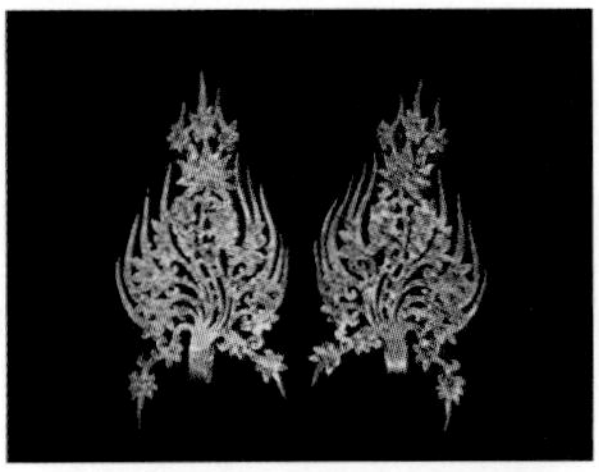

백제시대 무령왕릉 금제 관식,
국립공주박물관 소장

아연판 공예

호일

(3) 염색공예

염료나 안료 또는 그 밖의 약품을 사용하여 피염물에 색채를 염착시키는 공예이다. 의복, 커튼, 직물들을 위한 기계공업적인 생산, 창작 작품으로서의 염색 디자인이 있으며 요즘은 천연염료를 이용한 전통염색이 많은 관심을 일으키고 있다.

- 직접염: 염색물감을 붓에 묻혀 직접 천에 그리는 방법이다.
- 홀치기염: 침염의 일종으로 천을 실로 묶거나 천 자체를 매듭지어 염료에 담그면 묶인 부분은 염색이 되지 않는 방법을 이용하는 염색 방법이다.
- 납방염: 파라핀을 녹여 그림을 그린 후, 파라핀이 묻지 않은 부분에 염료를 칠해 표현하는 염색 방법이다.
- 판염: 각종 판재에 무늬를 새겨 판화처럼 찍어서 염색하는 방법으로 반복무늬 효과를 표현할 수 있다.

직접염

홀치기염

납방염

판염

- 판재염: 직물을 접어 나무판 사이에 넣고 실로 단단하게 묶은 후 염색하는 방법이다. 직물을 접고 판을 대는 형태에 따라 다양한 무늬를 얻을 수 있다.

판재염

(4) 목공예

나무를 가공한 공예품을 말한다. 목재는 금속이나 돌에 비하여 다루기가 쉬우므로 이를 이용한 공예도 다양하여 크게는 건축에서부터 적게는 퇴침 · 목기에 이르기까지 우리의 생활과 밀접한 관계를 가지고 있다.

백제 무령왕릉 왕비용 두침,
국립공주박물관 소장

장승, 순천만국가정원
(한국 정원)

솟대

클림트의 '생명의 나무'
따라 하기

문패

나무발 액자

(5) 한지공예

한지공예는 한지를 여러 겹 덧붙여 만든 틀에 다양한 색지를 이용하여 옷을 입히고, 여러 가지 문양을 오려 붙여 만드는 공예를 말한다.

한지함

닥종이 인형

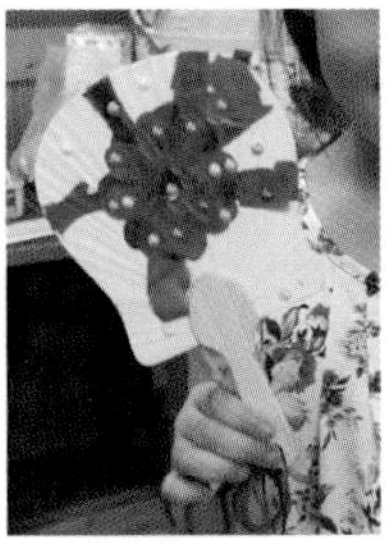

한지부채

(6) 칠보공예

칠보공예품은 금, 은, 동 따위 소재에 여러 가지 색의 작은 유리가루를 입힌 뒤 꽃, 새, 인물 따위의 무늬를 새겨 800~900℃의 고열에서 구운 공예품을 말한다. 금, 은, 유리, 파리, 자개, 마노, 산호의 일곱 가지의 귀중한 보석 색으로 이루어졌다 하여 칠보라고 한다는 표현에서 따왔다.

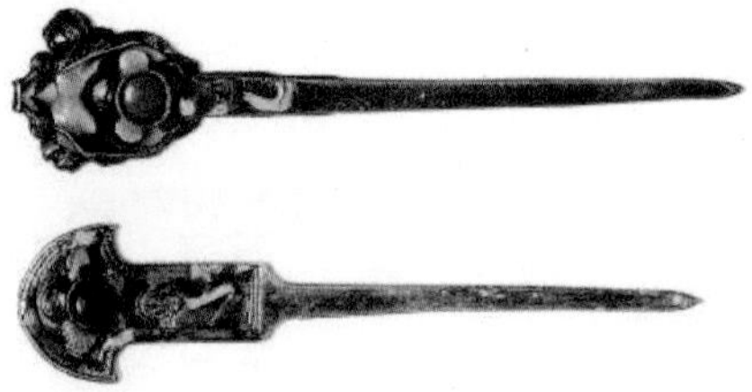

조선시대 은제파란 뒤꽂이, 서울역사박물관 소장

칠보꽃무늬장식함, 1981, 명보랑

(7) 규방공예

조선시대 엄격한 유교사회에서 사회적 활동이 제한되었던 양반집 규수들의 생활공간이었던 규방에서 이루어지던 공예로 바느질을 통해 다양한 생활용품을 만든 것이다.

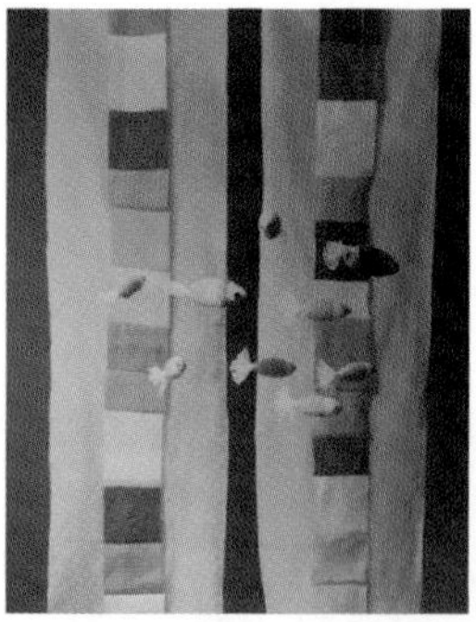

조각보

바늘꽂이

노리개

(8) 나전칠기공예

옻칠한 그릇이나 가구의 표면 위에 광채 나는 야광패夜光貝나 전복조개 등의 껍질을 여러 가지 문양으로 박아 넣어 장식하는 공예이다.

나전칠 모란 넝쿨무늬 상자, 조선(18세기)

나전대모국당초문염주합, 고려(12세기)

2) 현대공예

(1) 종이공예

종이를 접거나 오리거나 말거나 파내는 등 다양한 기법을 이용해 종이를 표현하는 공예이다.

종이접기

페이퍼 컷(종이 오리기)

종이공예

종이팝업

종이말기

종이입체

(2) 풍선공예

불지 않은 풍선이나, 불어진 풍선을 이용하여 꽃, 인형, 소품 등을 표현하는 공예이다.

풍선 아트

풍선 꽃

풍선 꽃

(3) 북아트

책과 예술의 조합으로 여러 가지 기법을 이용하여 책을 만들며 겉표지뿐 아니라 속지까지 자신의 마음대로 꾸며 만드는 공예이다.

펠트지 북

종이 북

(4) 푸드공예

이용하여 여러 가지 식재료를 보고, 만지고, 썰고, 끓이고, 냄새 맡으면서 실제적인 경험을 하는 것이다.

샌드위치 아트

주먹밥 도시락

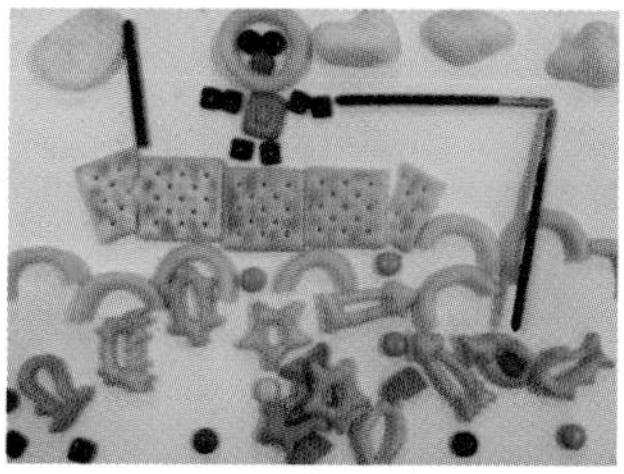

과자로 그리기

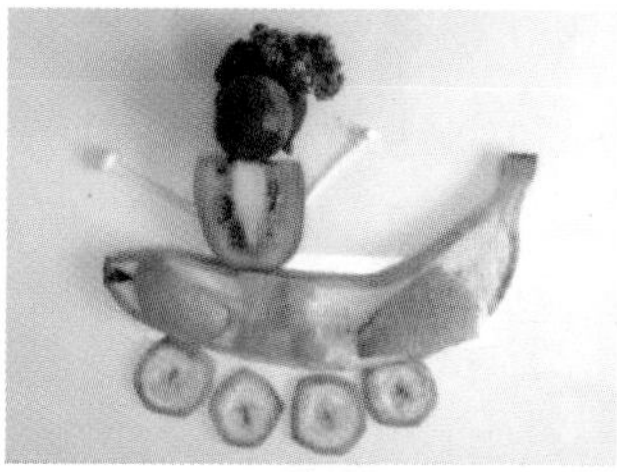

과일과 야채로 그리기

쿠키 클레이

(5) 양초공예

일반적 개념의 양초는 파라핀 왁스를 이용하여 만든 필라 형태의 초들을 말한다. 하지만 최근에는 점토 형태의 왁스나 젤리 형태의 왁스, 액체 형태의 왁스 등 그 종류가 다양하며 모양도 다양하게 연출할 수 있다.

소이 양초

소프트 양초

젤리 양초

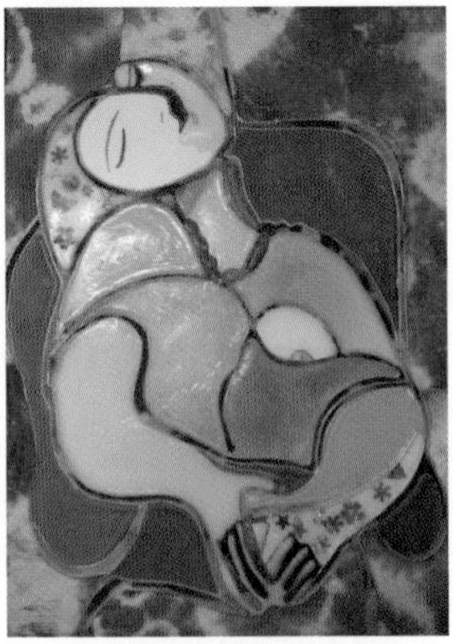

파라핀 양초

(6) 리본공예

리본공예는 리본 및 리본 부자재를 이용한 공예의 한 분야로 액세서리를 비롯해 소품, 의류 등 많은 부분에서 사용되고 있으며, 다양한 방법으로 응용이 가능하다.

리본 핀

리본 나무

(7) 비즈공예

비즈란 장신구나 실내 장식 등에 쓰이는 구멍이 뚫린 작은 구슬이나 이와 비슷한 크기의 물체로, 비즈를 이용해 장신구나 실내 장식 등을 만드는 공예를 비즈공예라 한다.

비즈공예

펄러피즈

(8) 비누공예

비누를 이용하여 여러 가지 모양을 만드는 공예이다.

비누 모자이크

비누공예

(9) 타일공예

각양각색의 차갑고 매끈한 질감의 타일을 배열하고 조합하면서 모자이크 형식으로 표현하는 공예이다.

타일 명화묘사

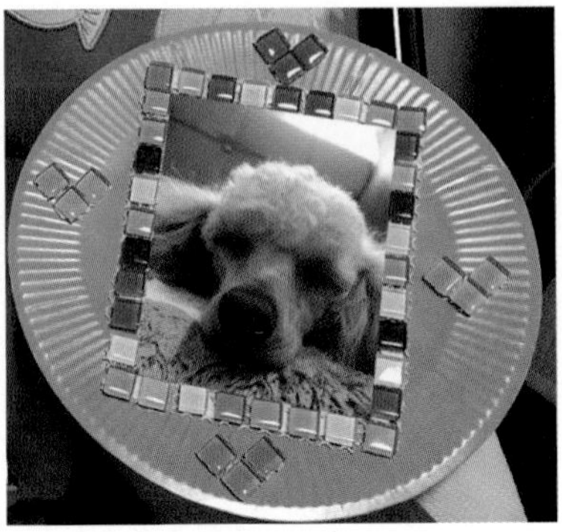

타일 액자

(10) 가죽공예

동물의 가죽을 그 용도에 따라 가공·처리하는 기술을 사용하여 여러 가지 물건을 만드는 공예로, 가죽의 사용은 인류가 터득한 가장 오래된 기술이다.

가죽 지갑

가죽 액세서리

(11) 알공예

거위 알, 타조 알 등 다양한 알들을 캔버스 삼아 디자인하기, 그리기, 자르기, 붙이기, 구슬 달기, 조각하기 등의 기술을 발휘하여 장식하는 공예이다.

알공예

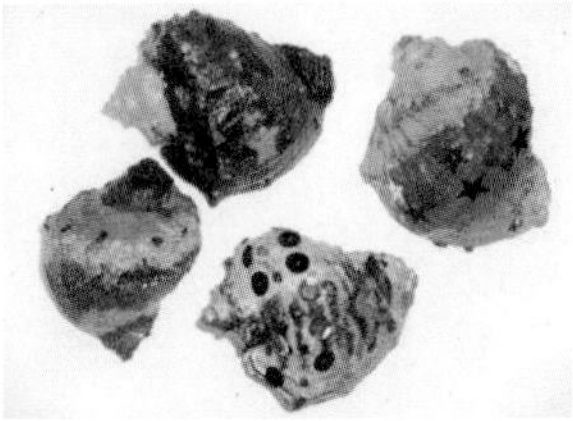
알공예 응용(소라껍데기 그림)

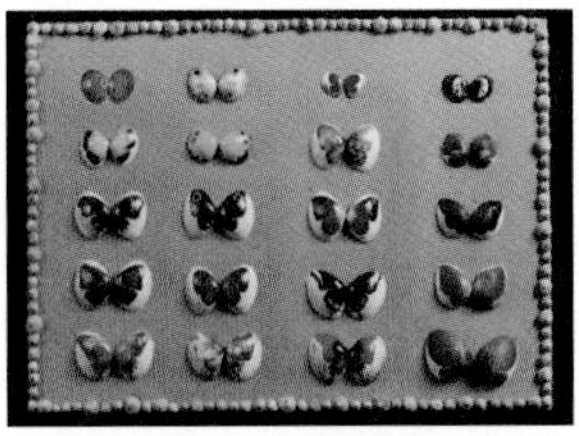
알공예 응용(조개껍데기 그림)

알공예 응용(돌멩이 그림)

알공예 응용(돌멩이 그림)

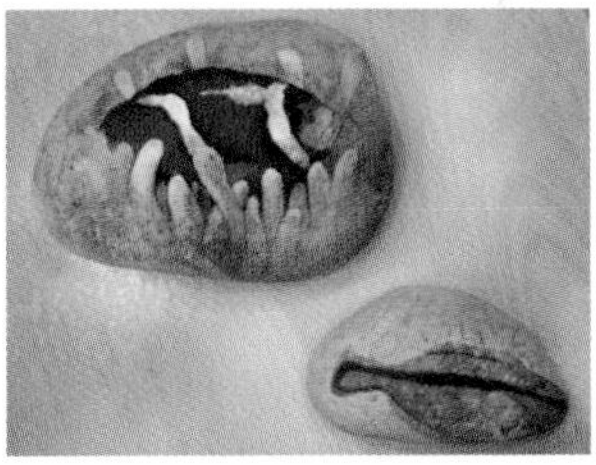
알공예 응용(돌멩이 그림)

(12) 와이어공예

철사를 이용하여 생활소품이나 조형미를 갖춘 장식품이나 순수 예술품 등을 만드는 공예이다.

오케스트라

양초 홀더

명화 〈해라바기〉 모사

(13) 실공예

다양한 종류의 실을 감거나, 엮거나, 붙여서 표현하는 공예이다.

털실공예

스트링아트

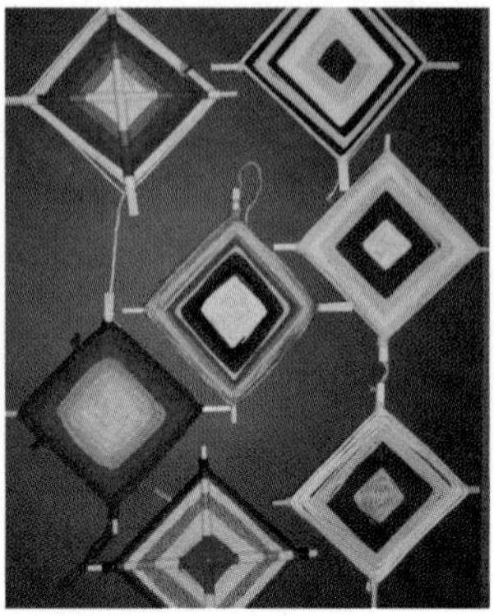
실공예

(14) 펠트공예

열과 압력을 가해서 만든 펠트라는 원단을 잘라서 붙이거나 바느질하여 작품을 표현하는 공예이다.

펠트모빌

펠트공예

(15) 퀼트공예

여러 가지 조각조각의 헝겊에 솜을 넣고 박음질하여 서로 누비면서 작품을 표현하는 공예이다. 퀼트quilt는 '누빈다'라는 뜻의 라틴어이다.

(16) 냅킨공예

냅킨공예는 다양하고 예쁜 그림이 인쇄된 냅킨을 오려서 얇게 붙여 작품을 표현하는 공예이다.

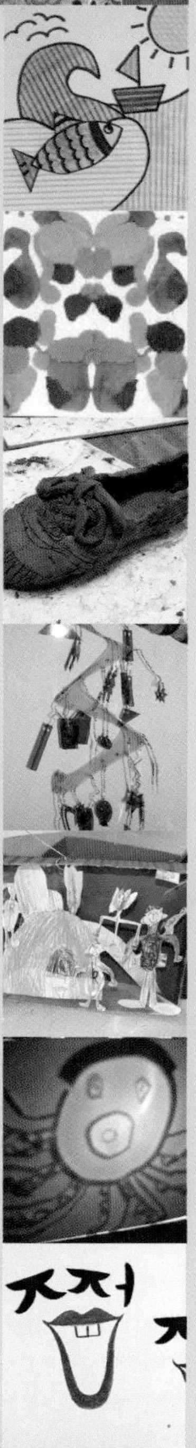

제 3 부

다중지능과 아동미술

제9장 하워드 가드너의 다중지능이론

제9장

하워드 가드너의 다중지능이론

1. 다중지능이론이란

다중지능이론은 미국 하버드대학교 심리학과 하워드 가드너Howard Gardner 교수가 제시한 이론이다. 전통적인 지능검사는 IQ 검사를 통해 인지능력 위주로 지능을 평가하였다. 하지만 가드너는 이러한 단일 측정만으로는 개개인이 가지고 있는 다양한 능력을 정확히 판단할 수 없다고 여겼다. 가드너는 지능이란 각 개인의 '문제해결 능력' 또는 '가치 있는 결과를 생산하는 능력'으로서 한 개인이 속한 문화권에서 가치 있다고 인정하는 분야의 재능을 포함하는 것으로 보고 있다. 가드너는 인간의 지적 활동을 서로 독립적인 활동을 하는 아홉 가지 분야로 나누어 각 분야에 대응하는 아홉 가지 지능을 제시하였다(이선영, 2012). 그 지능은 다음과 같다.

1) 언어 지능

언어 지능이란 말로 표현하든 글로 표현하든 언어를 효과적으로 구사하는 능력을 말한다. 이 지능은 구어와 문어에 대한 민감성, 언어 학습능력, 특정한 목표를 달성하기 위한 언어 활용능력 등을 포함하고 있다. 법률가, 웅변가, 작가, 시인이 상당히 높은 언어 지능을 소유한 사람에 해당한다.

2) 논리-수학 지능

논리-수학 지능은 문제를 논리적으로 분석하고, 수학적 조작을 수행하고, 과학적인 방법으로 문제를 탐구하는 능력이다. 수학자, 논리학자 그리고 과학자들이 뛰어난 논리-수학 지능을 소유하고 있다.

3) 음악 지능

음악 지능은 음악에 대한 전반적인 직관적 이해와 분석적이고 기능적인 능력 모두를 의미하며 리듬, 음의 높이, 멜로디에 대한 민감성과 악곡의 음색에 대한 지각을 포함한다. 뛰어난 음악 지능을 소유하는 사람들로는 음악 애호가, 음악 비평가, 작곡가, 연주자 등이 있다.

4) 신체운동 지능

신체운동 지능은 문제를 해결하거나 사물을 아름답게 꾸미기 위해서 몸 전체나 일부분을 이용하는 능력을 말한다. 무용가, 배우, 운동선수들이 신체운동 지능이 높다.

5) 공간 지능

공간 지능은 좁은 공간뿐만 아니라 항해사나 비행기 조종사들이 경험하는 넓은 공간을 인지하고 다루는 잠재력을 말한다. 공간적인 문제해결 능력은 항해 수행이나 지도의 기호체계에 대한 사용능력을 요구하며, 다른 각도에서 대상을 시각화하는 데에도 필요하다. 화가, 건축가, 안내자, 실내장식가 등이 뛰어난 공간 지능을 소유한 사람들이다.

6) 인간친화 지능

인간친화 지능은 사람이 각각이 가지고 있는 기분, 기질, 동기, 의도의 차이를 잘 이해하고 간파하는 능력으로 겉모습으로 잘 드러나지 않는 다른 사람의 숨은 의도와 욕구를 읽을 수 있다. 이는 종교지도자, 정치인, 판매원, 마케터, 교사, 치료사, 부모에게서 매우 정교한 형태로 나타난다.

7) 개인이해 지능

개인이해 지능은 자아를 이해하는 데 관련된 지식과 그 지식을 기초로 적응하는 행위능력과 관련된다. 이 지능은 자신에 대한 정확한 모습, 즉 장점과 제한점을 알아내고, 내적 기분, 의도, 동기, 기질, 욕구를 인식하고 자아 훈련, 자아 이해, 자존감을 위한 능력을 포함하며 복합적이고 고도로 분화된 여러 감정들을 알아내어 상징화하는 능력이다. 소설가, 상담가, 현명한 지도자 등이 뛰어난 개인이해 지능을 소유한다.

8) 자연친화 지능

자연친화 지능이 뛰어난 사람들은 생태학적인 분야에서 식물, 동물, 산, 구름의 형상을 민감하게 구별한다. 이 지능이 발달한 사람은 무생물보다는 생물에 대한 관심이 높고 관찰하는 것을 좋아하며 자연친화적인 모습을 보인다.

9) 실존 지능

실존 지능은 종교적인 측면에서 크게 나타나는데 실존 지능이 뇌의 어느 부분에 해

당하는지에 대해서는 증거가 부족하고, 다른 지능들과 거리감이 크다. 가드너는 과학적인 방법과 충분한 증거들에 근거하여 결론을 내리고자 실존 지능을 반쪽짜리 지능으로 결론지어 다중지능이론을 $8\frac{1}{2}$의 지능이라 스스로 칭하였다(권경패, 2013; 이자현, 2013; Gardner, 1998, 2007).

2. 다중지능과 미술교육

가드너는 오랫동안 인간의 지능에 대해 연구하면서 시각적 · 공간적 현상을 지능의 관점에 연결시키려 하였다. 또한 예술적 상징을 해석하는 개인의 능력을 넓히기 위한 방법으로 미술교육의 중요성을 강조함으로써 미술교육이 사고력을 높이고 일상생활로 확산되어 아동의 학습능력을 향상시키는 등 인지 능력을 길러주는 데 적합하다고 보았다. 또한 가드너는 제작활동을 강조하고 있는데, 제작에 역점을 두어 학생이 어느 하나의 영역에서 깊게 체험하는 것을 중요시함으로써 인간의 인지적 · 예술적 발달을 꾀하고, 예술이 인간 지능에 의해 유도되는 인지적 활동임을 주장하였다. 다중지능을 미술교육현장에 적용한 사례로 하버드 프로젝트 제로, 아트 프로펠, 프로젝트 한양이 있다(강연희, 2010).

3. 미술교육 관련 다중지능 교육 프로그램

1) 하버드 프로젝트 제로

하버드 프로젝트 제로Harvard Project Zero는 하버드 대학교 대학원에 부설된 교육연구기관으로 1967년 예술을 통해 교육을 개선하고 연구하는 교육철학자인 넬슨 굿맨N. Goodman에 의해 개설되었다. 하버드 프로젝트 제로는 예술적 지식이라 할 수 있는 예술적 제작능력, 지각능력, 반성능력 등의 교육이 이루어지지 않아 제로 상태라는 의미를 담고 있다.

오늘날에도 그렇지만 상당히 많은 사람들이 예술은 주로 감정, 신비, 마술 혹은 직관을 나타내는 것이라 믿고 있었다. 하지만 그러한 때에 굿맨은 예술이 물론 다른 목적을 가진다고 하더라도 기본적으로는 정신활동이라고 생각했다. 굿맨은 이러한 관점으로 예술교육을 하나의 중요한 인지적 활동으로 접근해야 한다고 생각하며 하버드 프로젝트 제로를 개설하였다(박인혜, 2005; Gardner, 1998).

하버드 프로젝트 제로에서는 교육의 목적을 문제해결 과정의 적용능력으로 인식하고, 개인, 집단, 기관이 자신의 능력을 최대한 발휘할 수 있도록 도와주는 교육과정의 개발과 교수–학습과정, 평가 체제 등의 개발을 연구문제로 삼고 학생의 전체적 · 통합적 인식 능력의 발달에 관한 내용을 다루었다. 또한 비판적 · 창조적 사고 중심의 문화를 교육하기 위한 교육과정과 새로운 평가 준거를 개발하였다(이슬희, 2013).

하버드 프로젝트 제로에서 제시한 예술교육의 방향은 다음과 같다.

- 10세 이하의 어린 아동들에게 작품 활동이 강조되어야 한다. 재료와 매체를 이용해 직접 활동할 때 가장 효과적으로 배운다.
- 역사적, 비평적, 감각적 그리고 그 외 다른 미술활동들은 학생들의 작품과 관련되어야 한다. 흥미유발과 아이디어를 끄집어내기 위해서는 수업내용과 연관된 작품을 보여 주어야 한다.
- 예술은 예술적인 매체로 '사고'할 수 있는 교사나 다른 사람이 가르쳐야 한다. 예를 들면, 미술은 '시각적 혹은 공간적'으로 생각할 수 있는 사람을 통하여 교육이 이루어져야 한다.
- 예술적인 학습은 의미 있는 프로젝트를 중심으로 수행되어야 하고 거기에 관해 토론하고 사고할 수 있는 충분한 시간과 기회가 주어져야 한다. 그런 작품은 학생들이 흥미를 가지며 동기를 자극하고 기능을 발달시키도록 유도하여 학생들의 능력과 이해에 장기적인 영향을 줄 수 있다.
- 학년별 진도를 정해 놓은 교육과정은 예술영역에 적합하지 않다. 미술은 다양한 발달수준의 양식, 구성, 형태와 같은 주요한 개념과 감정을 부여하거나 강한 미술적 이미지를 살릴 수 있는 지속적인 문제들을 계속하여 만나게 해야 한다. 즉, 2학년 때 배워야 할 문제 개념, 3학년 때 배워야 할 것 등을 정해 놓아서는 안 된다.

- 예술과목을 평가할 때는 논리나 언어적 '도구'가 아니라 미술적 도구를 사용하여야 한다. 또한 예술에서 가장 핵심이 되는 능력과 개념을 감안할 수 있어야 한다. 교육내용을 평가기준에 맞추기보다는 예술의 형태에 가장 적합한 평가방법을 고안하여야 한다.
- 예술학습은 단순히 개념이나 기술을 습득하는 것이 아니다. 예술은 극히 개인적인 영역이며 학생들은 자신의 감정도 표현하게 된다. 따라서 그들에게 이러한 감정을 표현할 수 있는 도구를 제공해 주어야 하며 개인적인 사고는 존중되어야 한다.
- 예술적인 감각이나 가치판단을 직접 가르치는 것은 위험하며 필요하지도 않다. 그러나 학생들이 예술과 관련된 사람들의 가치나 선호도에 의해서 좌우될 수 있다는 것을 이해할 수 있어야 한다.
- 예술교육은 예술교육가라는 특정 집단이 전담해서는 안 된다. 예술교육은 예술가, 교사, 행정가, 연구가 그리고 학생들의 협조와 참여로 이루어져야 한다.
- 모든 학생이 모든 형태의 예술을 배우는 것이 이상적이기는 하지만 현실적이지는 못하다. 그렇기 때문에 학생들에게 모든 형태의 예술을 배우게 하기보다 그들의 적성과 능력에 적합한 예술을 찾아 지도해야 한다(허지연, 2007).

2) 아트 프로펠

아트 프로펠Arts Propel은 1985년 록펠러 재단Rockfeller Foundation의 예술과 인문과학 부서의 도움으로 하버드 프로젝트 제로 연구 집단이 피츠버그 공립학교Pittsburgh Public School 및 교육평가원Education Testing과 공동으로 예술교과에 있어서의 핵심적인 능력을 교육하고 평가하는 방법을 개발하는 것을 목적으로 연구한 것이다. 이것은 음악과 미술(시각예술), 문학(창의적 글쓰기)의 세 가지 예술 영역을 포함하는 교육과정 프로젝트이다. 'Propel'은 작품 활동production, 지각perception, 반성reflection 세 단어의 약자를 합성한 것이며, 마지막의 L은 모든 과정에서의 학습learning을 강조한 것이다(Gardner, 1998).

가드너는 예술가들은 작품을 창조하는 과정에서 끊임없이 자신의 지각능력과 반성능력을 개발한다고 보고 예술교육을 예술가들이 사고하고 창작하는 방식과 유사한 방법으로 실시해야 함을 강조하였다. 따라서 예술교과는 제작, 지각, 반성 세 가지 활동

중심으로 진행해야 하며, 세 가지 활동 모두를 평가해야 한다고 주장하였다.

- 제작능력: 예술적 요소와 자료 등을 활용하여 작품을 창작하거나 연주하는 등의 능력을 말한다. 미술교과 측면에서 볼 때 제작은 미술작품을 제작하는 것과 관련 있는 능력이다.
- 지각능력: 예술작품의 특성을 자세히 조사, 관찰하는 능력으로서 작품의 특성을 비교 분석하고, 작품의 재료와 속성을 인식하며, 예술품을 다양한 관점에서 인식하는 것 등을 포함한다. 미술교과 측면에서 볼 때 지각은 미술적으로 사고하는 것으로 미술 양식의 차이점과 특성을 발견하는 능력이다.
- 반성능력: 작품의 제작 과정에서 경험한 어려움, 제작 결과의 효과와 목적, 성취 정도 등을 사고할 수 있는 능력을 말한다. 미술교과 측면에서 볼 때 반성은 자신의 작품이나 작가의 작품을 탐색하고 문제점과 성취 정도, 효과 등을 이해하는 능력이다(Gardner, 1998).

3) 프로젝트 한양

프로젝트 한양Hanyang-Harvard Project은 우리나라 초등학교의 대안적 교육과정을 개발하기 위한 한양대학교 한국교육문제연구소와 미국 하버드 대학교와의 국제 공동연구를 말한다. 이는 우리가 그동안 생각해 왔던 이상적인 교육의 가치들인 잠재력, 발달, 전인적 인간, 창의성, 비판적 사고들이 우리의 다음 세대 아동들에게 구체적으로 길러질 수 있도록 하는 아이디어를 도출하기 위한 이론 지향적, 현장 지향적 교육연구이다.

연구 내용으로는 다중지능이론에 근거한 초등학교의 창의적이고 고등정신적인 사고를 개발하기 위한 교육과정 개발, 새로운 평가 도구의 개발, 다중지능 교육과정의 성공적인 실행을 위한 학교 수준에서의 재구조화와 혁신 등을 들 수 있다.

프로젝트 한양의 기본 목적은 학교 교육 개혁에 대한 시대적 상황과 요구 속에서 가드너가 개발한 다중지능이론을 우리나라 초등학교 교육과정에 적용함으로써, 한국적 다중지능 교육이론을 우리나라 학교 교육에 대한 한 가지 가능성으로서 개발하고자 한 것이다(김지은, 2010).

4. 미술교육에 주는 시사점

가드너의 다중지능이론이 미술교육에 가장 크게 공헌한 것은 종전에 '소질'로 인식되어 왔던 예술과 관련된 재능을 '지능'으로 설명하였다는 점이다. 가드너는 예술이 지능의 형식을 나타낸다는 과학적 증거를 제시하고, 음악 지능과 공간 지능, 신체운동 지능을 통해 예술적인 지능을 구별, 평가할 수 있는 길을 열어 놓았다. 다중지능이론에서 예술교육은 개인차를 인정하며 발달단계에 맞추어 이루어져야 함을 강조하였고, 예술 각 분야의 형태에 맞는 프로젝트 수업을 지향함으로써 학생들의 잠재적 능력을 계발할 수 있을 뿐 아니라 수업 효과를 높이고 학습에서의 실패를 감소시키는 수업 방법을 제시해 주고 있다는 점에서 우리의 교육 현장에 시사하는 바가 크다고 할 수 있다. 다중지능이론이 미술교육에 주는 시사점은 다음과 같다(장현오, 2002).

1) 이해를 강조하는 미술교육

가드너는 교육의 목표를 이해understanding로 본다. 미술교육이 추구하는 핵심적인 목표 또한 이해를 증진시키는 것이어야 한다. 미술교과 측면에서 살펴보면, 학생들이 적합한 장르의 작품을 창조해 낼 수 있고, 다른 여러 문화권에서 만들어진 작품의 특성을 이해하며, 작품을 자신의 삶에 연결시켜 자신의 개인적인 느낌이나 표현을 자신이 원하고 만들고 싶어 하는 작품에 반영할 수 있어야만 이해했다고 볼 수 있는 것이다. 가드너가 말하는 이해는 안목이고 통찰력이자 적용력과 응용력, 문제해결 능력이다. 미술교육에서 학생들에게 단순한 손재주나 표현기능, 표현능력을 길러 주는 것이 중요한 것이 아니라 미적 안목, 미술을 보는 눈, 미술을 삶 속에서 읽고 적용하고 개선하면서 살 수 있는 힘을 길러 주어야 함을 말한다.

2) 다양한 지능을 활용하는 통합적 교육과정

가드너는 적절한 수업과 풍부한 학습환경이 주어지면 누구나 아홉 가지 지능에서 높은 수준의 성취 능력을 발휘한다고 믿고 있다. 이것은 통합교과가 성립할 수 있는 근거를 마련해 주고 있다. 통합은 미술교과 자체 내에서뿐만 아니라 미술 외적인 측면에서도 고려되어야 한다.

3) 학습자 중심의 자기 주도적 교수-학습 활동

가드너는 개인의 능력과 소질을 잘 판단해 내는 학생 중심의 개별화된 교육을 해야 하며 스스로 주도권을 갖고 학습이 이루어져야만 한다고 말한다. 이때 교육과정의 주체는 교사가 아니라 학생이 되며 그들이 자발적으로 동기화하여 표현하고 이해하고 감상함으로써 상호 간에 피드백을 받아 서로 자극이 되어 자기 스스로 생각하는 사고력을 학습해야 한다. 중요한 것은 아동 활동과 지식 전달 사이의 적절한 균형을 찾는 것이다.

4) 과정을 중시하는 전체적인 평가

다중지능이론은 학생 개개인의 잠재적 능력 개발을 주요 목표로 하기 때문에 각 지능적 관점에서의 학생들의 능력을 규명할 수 있어야 한다. 이를 위해 교사는 학생들의 수행을 관찰하고 기록하면서 매 순간 수업의 중간중간에 학생들을 평가해야 하는 것이다. 그런 점에서 강조하는 것이 포트폴리오에 기초한 평가이다. 따라서 미술교육은 학생들의 시간에 따른 변화를 중요하게 여겨 학생들의 작품 과정에 대한 모든 자료를 포트폴리오로 보관하고 학생들의 발달과정과 반성을 확인할 수 있게 해야 하며 즉각적인 파악뿐만 아니라 볼 수 없는 것까지도 평가해야 한다. 그러므로 학습과정 중에 드러나거나 파악된 수행 과정 및 성취에 관한 근거를 체계적이고 계획적이며 수시로, 그리고 누적적으로 기록해 줄 필요가 있다. 또한 미술교육에 있어 평가는 자기 평가와 동료 평가 그리고 학생의 활동과 상호작용에 대한 교사의 관찰 등 다양한 방법으로 이루어져야 하며, 아울러 수업과 평가 과정 중에 학생과 학생, 학생과 교사의 상호작용을 통해 평가에 대한 재조정이 이루어져야 한다(주경진, 2011).

제 4 부

다중지능 미술의 실제 적용

1. 언어 지능
2. 논리-수학 지능
3. 음악 지능
4. 신체운동 지능
5. 공간 지능
6. 인간친화 지능
7. 개인이해 지능
8. 자연친화 지능

GELBER OCKER

1

언어 지능

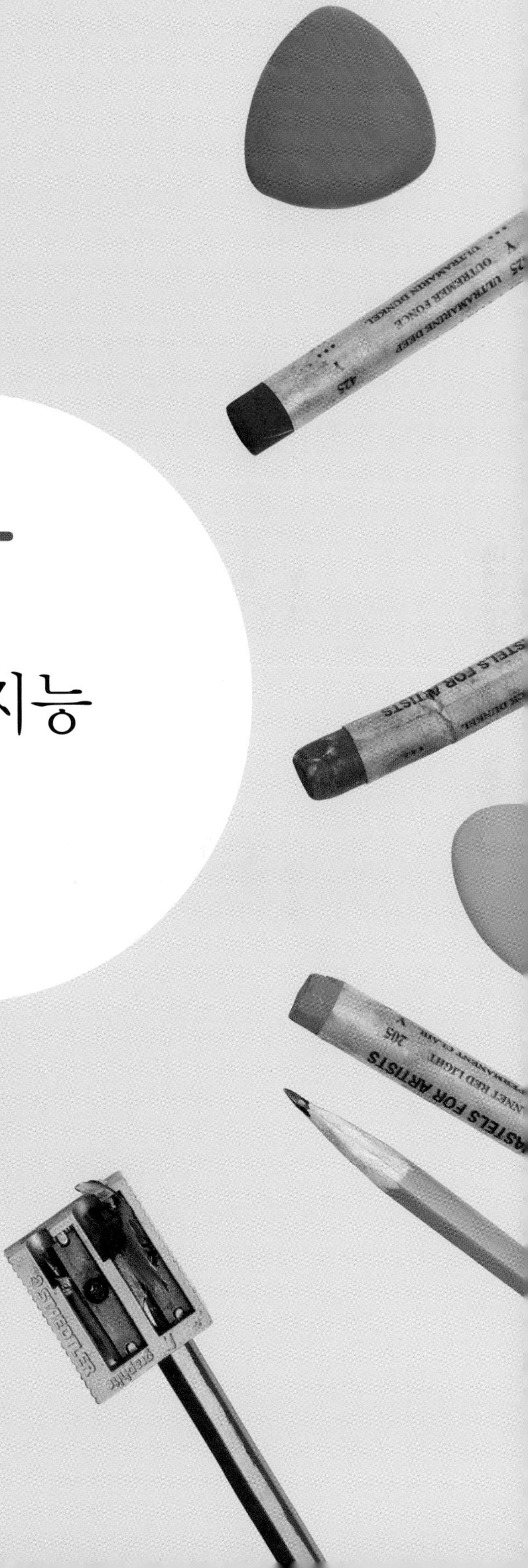

프로그램 계획서-언어

<table>
<tr><td>단위</td><td>언어</td><td>주제</td><td colspan="2">내가 영웅이 된다면</td><td>대상</td><td>초등 1, 2학년</td></tr>
<tr><td>주요 지능</td><td colspan="6">언어 지능</td></tr>
<tr><td>학습 목표</td><td colspan="6">• 내가 영웅이 된다면 어떤 모습일지 다양한 상상력으로 또 다른 나의 모습을 표현해 본다.
• 큰 도화지에 비교적 크게 그려 나가면서 대담성을 키운다.</td></tr>
<tr><td>준비물</td><td colspan="6">소포지 큰 사이즈(2절 이상), 펜, 카렌다쉬, 물감</td></tr>
<tr><td rowspan="2">학습 과정</td><td colspan="3">교수-학습 활동</td><td rowspan="2">시간</td><td colspan="2" rowspan="2">유의사항</td></tr>
<tr><td colspan="2">교사 활동</td><td>아동 활동</td></tr>
<tr><td>동기 유발</td><td colspan="2">• 다양한 영웅에 대해 이야기해 본다(베트맨, 슈퍼맨, 아이언맨 등).
• 영웅이 하는 일, 좋은 점은 뭘까?</td><td>• 내가 만약 지금의 모습과 다른 영웅이 될 수 있다면 나는 어떠한 모습으로 변신하고 싶을까에 대해 이야기해 본다.</td><td>10분</td><td colspan="2"></td></tr>
<tr><td>학습 활동 전개</td><td colspan="2">• 친구들이 고른 영웅의 특징에 맞게 몸의 형태를 재미있게 스케치하도록 한다.</td><td>• 소포지에 연필로 내가 영웅이 된 모습을 종이 크기에 맞추어 그린다.
• 펜으로 따라 그린 뒤에 물감과 크레파스 등 적합한 재료를 선택한 뒤 채색한다.
• 친구들과 서로 작품에 대해 이야기해 보고 발표해 본다.</td><td rowspan="2">60분</td><td colspan="2" rowspan="2"></td></tr>
<tr><td>TIP</td><td colspan="3"></td></tr>
<tr><td>평가 계획</td><td colspan="6">• 종이의 비율에 맞추어 구성해 주었는가?
• 영웅이라는 주제에 맞게 자신을 변신시켜 주었는가?</td></tr>
<tr><td>다중지능</td><td colspan="6">영웅이 된 나의 모습을 친구들과 발표해 보며 나의 생각과 의견을 정확히 표현하는 발표능력을 기른다.</td></tr>
<tr><td>관련지능</td><td colspan="6">신체운동 지능</td></tr>
</table>

7세 여아,
내가 영웅이 된다면

날개가 있는 사람
날개가 있는 나

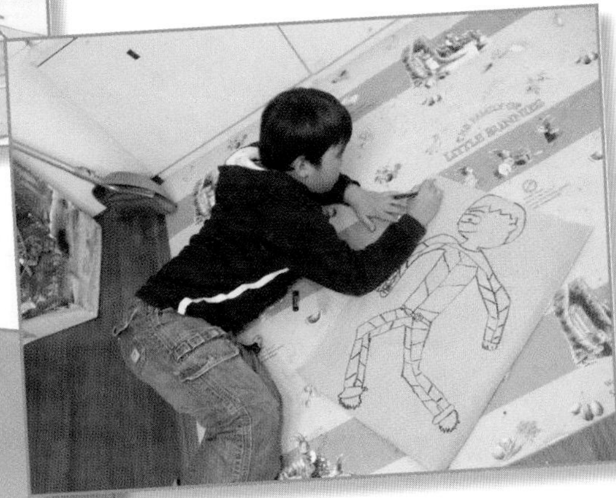

초등 3 남아,
스피드 장착한 영웅

프로그램 계획서-언어

<table>
<tr><td>단위</td><td>언어</td><td>주제</td><td colspan="2">단어 뽑기 후 이야기 만들어 보기</td><td>대상</td><td>초등 2, 3학년</td></tr>
<tr><td>주요 지능</td><td colspan="6">언어 지능</td></tr>
<tr><td>학습 목표</td><td colspan="6">예상되지 않는 단어를 뽑으며 놀이처럼 즐거움을 갖고 이야기를 만들어 가면서 이야기 전개력을 키운다.</td></tr>
<tr><td>준비물</td><td colspan="6">도화지, 단어종이, 박스, 연필, 색연필, 물감 등 채색도구</td></tr>
<tr><td rowspan="2">학습 과정</td><td colspan="3">교수-학습 활동</td><td rowspan="2">시간</td><td colspan="2" rowspan="2">유의사항</td></tr>
<tr><td colspan="2">교사 활동</td><td>아동 활동</td></tr>
<tr><td>동기 유발</td><td colspan="2">• 우리가 흔히 쓰는 간단한 단어들을 이용하여 문장과 이야기를 간단하게 만들어 본다.</td><td>• 교사의 이야기에 나라면 어떤 방법으로 문장을 바꾸어 이야기해 볼지 생각해 보고 이야기 나눈다.</td><td>10분</td><td colspan="2"></td></tr>
<tr><td>학습 활동 전개</td><td colspan="2">• 이야기 전개력이 약한 친구들은 단어를 조금 더 줄여서 선택하여 구성하도록 해도 좋다.
• 평소에 말수가 적은 친구들은 힘들어 할 수 있으니 간단하게 문장을 만들더라도 독려해 주도록 한다.</td><td>1. 준비된 단어상자에서 5개의 단어를 뽑는다.
2. 뽑은 단어를 확인한 후, 5개의 단어를 이용하여 이야기를 만들어 본다.
3. 이야기를 충분히 만들어 본 뒤에는 스케치해 본다.
4. 스케치 후 채색한다.
5. 서로의 작품을 감상하고 이야기를 발표해 보는 시간을 가져 본다.</td><td rowspan="2">60분</td><td colspan="2" rowspan="2"></td></tr>
<tr><td>TIP</td><td colspan="3">단어카드를 준비할 때 상상력을 발휘할 수 있도록 적당한 단어도 넣어 준다(예: 나는 코끼리, 말하는 생쥐 등).</td></tr>
<tr><td>평가 계획</td><td colspan="6">선택한 단어에 맞춰 이야기를 구성하였는가?</td></tr>
<tr><td>다중지능</td><td colspan="6">이야기를 만들어 보는 과정에서 효과적으로 스토리를 전개하고 표현하며 언어표현력과 이야기 전개력을 키운다.</td></tr>
<tr><td>관련지능</td><td colspan="6">논리-수학 지능</td></tr>
</table>

8세 여아,
거꾸로, 고양이, 세모 등 단어 조합

코끼리, 무지개 등 단어 조합

프로그램 계획서-언어

<table>
<tr><td>단위</td><td>언어</td><td>주제</td><td colspan="2">간판 디자인해 보기</td><td>대상</td><td>초등 3, 4 학년</td></tr>
<tr><td>주요 지능</td><td colspan="6">언어 지능</td></tr>
<tr><td>학습 목표</td><td colspan="6">일상생활에서 무심히 지나칠 수 있었던 생활 속 디자인의 요소와 간판이라는 디자인의 영역을 이해하고 경험해 본다.</td></tr>
<tr><td>준비물</td><td colspan="6">납작한 자석, 하드보드지, 건물 프린트 사진(A3 사이즈), 네임펜, 마커 등</td></tr>
<tr><td rowspan="2">학습 과정</td><td colspan="3">교수-학습 활동</td><td rowspan="2">시간</td><td colspan="2" rowspan="2">유의사항</td></tr>
<tr><td colspan="2">교사 활동</td><td>아동 활동</td></tr>
<tr><td>동기 유발</td><td colspan="2">• 다양한 간판을 가진 가게들과 간판의 중요한 역할에 대해 강조하여 이야기해 준다.
• 글자 모양이나 외래어 등 다양한 모양에 대해 이야기해 준다.</td><td>주변에 있는 간판을 기억하며 어떠한 느낌인지, 간판의 기능이나 기억에 남는 디자인이 있는지 다양하게 이야기해 본다.</td><td>10분</td><td colspan="2"></td></tr>
<tr><td>학습 활동 전개</td><td colspan="2"></td><td>• 자료사진 중 마음에 드는 건물의 사진을 고른다.
• 사진을 하드보드지에 붙인다.
• 사진 속 건물에 어울리는 혹은 내가 해 주고 싶은 업종(제과점, 장난감 가게, 미용실 등)을 고른다.
• 사진 속 건물에 어떤 모양의 간판을 어느 위치에 만들어 줄지 정해 준다.
• 상점의 이름을 정하고 하드보드지를 간판 모양에 맞게 잘라 준 뒤 각각 연필로 디자인한다.
• 채색한다.
• 간판 뒤와 건물사진의 닿는 부분에 자석을 붙여 탈부착이 가능하도록 한다.</td><td rowspan="2">60분</td><td colspan="2" rowspan="2"></td></tr>
<tr><td>TIP</td><td colspan="3"></td></tr>
<tr><td>평가 계획</td><td colspan="6">건물의 분위기나, 내가 하고자 하는 상점의 역할이나 분위기에 맞게 색감, 글자 모양 등 다양한 느낌을 고려하여 디자인해 주었는가?</td></tr>
<tr><td>다중지능</td><td colspan="6">• 상황과 분위기에 맞는 적합한 어휘와 창의적인 단어 사용으로 언어 지능을 한 단계 높일 수 있다.
• 공간 지능으로 접근하면 우리가 지나치는 외부의 공간을 조화롭게 디자인하며 환경과 어우러지게 표현해 볼 수 있다.</td></tr>
<tr><td>관련지능</td><td colspan="6">공간 지능</td></tr>
</table>

10세 남아,
공룡상점

10세 여아,
2층 학원, 1층 보석상점(쥬얼리숍 등)

프로그램 계획서-**언어**

<table>
<tr><td>단위</td><td>언어</td><td>주제</td><td colspan="2">반대그림 그려 보기</td><td>대상</td><td>초등 2학년</td></tr>
<tr><td>주요 지능</td><td colspan="6">언어 지능</td></tr>
<tr><td>학습 목표</td><td colspan="6">반대, 대조 등의 개념에 대해 조금 더 친근하고 재미있게 이해해 보며 단어에 맞게 일어날 수 있는 이야기도 만들어 보면서 표현력을 기른다.</td></tr>
<tr><td>준비물</td><td colspan="6">다양한 색도화지, 카렌다쉬 크레용, 네임펜, 다양한 채색도구 등</td></tr>
<tr><td rowspan="2">학습 과정</td><td colspan="3">교수-학습 활동</td><td rowspan="2">시간</td><td colspan="2" rowspan="2">유의사항</td></tr>
<tr><td colspan="2">교사 활동</td><td>아동 활동</td></tr>
<tr><td>동기 유발</td><td colspan="2">반대되는 것의 사물을 이야기해 보며 반대의 개념을 천천히 익히면서 이해한다.</td><td>교사와 같이 다양한 문장을 구성해 보며 연습해 본다.</td><td>10분</td><td colspan="2"></td></tr>
<tr><td>학습 활동 전개</td><td colspan="2">배경을 표현할 수 있는 친구들에게는 배경표현도 유도한다.</td><td>• 내가 정한 단어, 예를 들어 ‘배’라면 ‘배-배의 반대가 되어 단어’를 찾아본다(예: 배-비행기, 여름-겨울).
• 원하는 색도화지 색을 고른다(반대의 개념이므로 서로 반대, 대조되는 색을 고르도록 한다. 예: 빨강-파랑, 하양-검정).
• 채색을 한다.</td><td rowspan="2">60분</td><td colspan="2" rowspan="2">시간이 부족한 친구들은 주제를 사진으로 프린트해서 붙여도 좋다.</td></tr>
<tr><td>TIP</td><td colspan="3">• 단어에 따라 주관적인 관점의 뜻이 생기기도 한다.
• 주제에 크게 어긋나지 않는다면 존중해 주며 작업한다.</td></tr>
<tr><td>평가 계획</td><td colspan="6">반대라는 언어의 개념을 이해하며 이야기를 만들었는가?</td></tr>
<tr><td>다중지능</td><td colspan="6">언어의 한 부분인 반대의 개념을 자연스럽게 익히며 언어의 실제 활용에도 효과적인 영향을 줄 수 있다.</td></tr>
<tr><td>관련지능</td><td colspan="6">논리-수학 지능</td></tr>
</table>

8세 남아, 봄과 겨울

8세 남아, 물과 불

프로그램 계획서-언어

<table>
<tr><td>단위</td><td>언어</td><td>주제</td><td colspan="2">타이포그래피</td><td>대상</td><td>초등 3학년 이상</td></tr>
<tr><td>주요 지능</td><td colspan="6">언어 지능</td></tr>
<tr><td>학습 목표</td><td colspan="6">문자가 주는 아름다움을 알아 가며 다양한 소재의 표현으로 독창성을 키운다.</td></tr>
<tr><td>준비물</td><td colspan="6">비스킷(다양한 파스타도 가능), 양면테이프, 글루건 , 색상지</td></tr>
<tr><td rowspan="2">학습 과정</td><td colspan="3">교수-학습 활동</td><td rowspan="2">시간</td><td colspan="2" rowspan="2">유의사항</td></tr>
<tr><td colspan="2">교사 활동</td><td>아동 활동</td></tr>
<tr><td>동기 유발</td><td colspan="2">• 타이포그래피라는 개념에 대해 이야기해 본다.
• 다양한 소재, 문구, 글씨체 등 사진 자료를 보며 같이 이야기해 본다.</td><td>교사와 같이 내가 좋아하는 문구, 문장을 찾아본다.</td><td>10분</td><td colspan="2"></td></tr>
<tr><td>학습 활동 전개</td><td colspan="2">• 사진 촬영 후 프린트 작업 시 스티커 종이에 프린트를 하게 되면 스티커로 붙여서 사용할 수 있는 장점이 있다.</td><td>• 비스킷을 이용하여 어떠한 모양이 나올 수 있는지 다양하게 연습해 본다.
• 확정이 되면 색상지의 색상을 골라 비스킷을 종이에 붙여 본다.
• 사진을 촬영하여 프린트해 본다.</td><td rowspan="2">60분</td><td colspan="2" rowspan="2">• 재료를 여유 있게 준비해 둔다.
• 계절에 따라 자연물도 가능하다(나뭇잎, 가지, 꽃잎 등).</td></tr>
<tr><td>TIP</td><td colspan="3"></td></tr>
<tr><td>평가 계획</td><td colspan="6">이름의 곡선과 직선의 느낌을 독창적으로 구성하여 주었는가?</td></tr>
<tr><td>다중지능</td><td colspan="6">나의 이름을 감상하고 새로운 매체로 구성하며 한글의 아름다움을 알아 간다(글자, 문자의 우수성).</td></tr>
<tr><td>관련지능</td><td colspan="6">논리-수학 지능</td></tr>
</table>

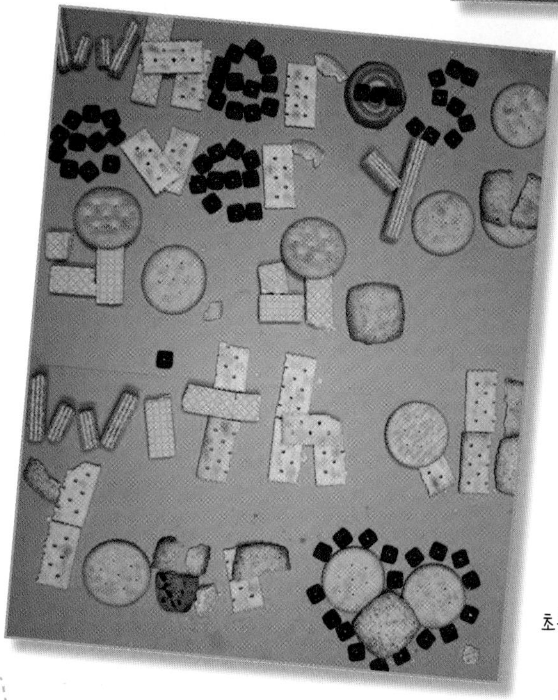

초등 5 여아, 비스킷 영문 타이포

GELBER OCKER

2

논리-수학 지능

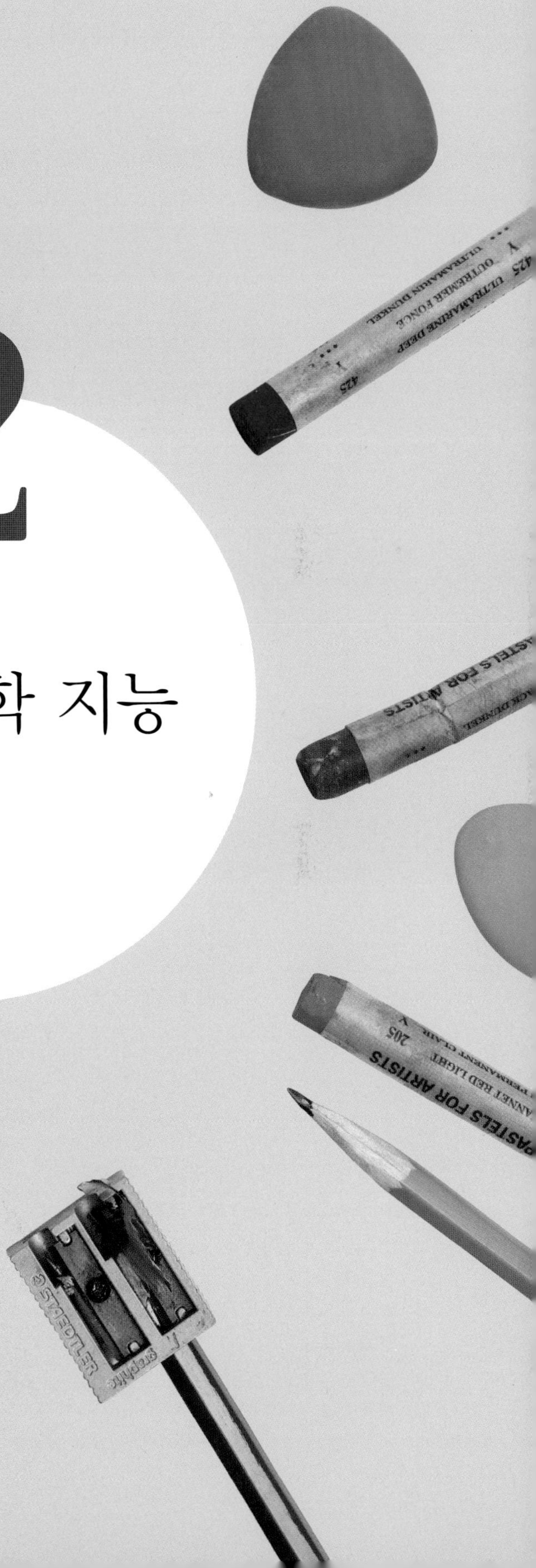
425 ULTRAMARINE DEEP
PASTELS FOR ARTISTS
PERMANENT RED LIGHT
205
STAEDTLER

프로그램 계획서-논리-수학

<table>
<tr><td>단위</td><td>논리-수학</td><td>주제</td><td colspan="2">그림 속에서 빛과 어두움 표현하기</td><td>대상</td><td>6, 7세</td></tr>
<tr><td>주요 지능</td><td colspan="6">논리-수학 지능</td></tr>
<tr><td>학습 목표</td><td colspan="6">어두움 속에서 생기는 빛의 원리를 이해하며 다양한 표현기법을 익힌다.</td></tr>
<tr><td>준비물</td><td colspan="6">검정파스텔, 수채화 물감, 도화지(8절), 색연필, 지우개, 자, 픽사티브, 램브란트 작품사진 등</td></tr>
<tr><td rowspan="2">학습 과정</td><td colspan="4">교수-학습 활동</td><td rowspan="2">시간</td><td rowspan="2">유의사항</td></tr>
<tr><td colspan="2">교사 활동</td><td colspan="2">아동 활동</td></tr>
<tr><td>동기 유발</td><td colspan="2">어두움 속에 생기는 빛 중에서 자연빛과 인공빛 모두 제시해 주며 이야기해 본다.</td><td colspan="2">• 내가 경험했던, 알고 있는 빛의 현상을 다양하게 이야기해 본다.</td><td>10분</td><td></td></tr>
<tr><td>학습 활동 전개</td><td colspan="2">램브란트 작품사진을 보며 작가는 어둠과 빛을 어떻게 표현해 주었는지 감상한다.</td><td colspan="2">• 나는 어떠한 주제로 빛과 어두움을 표현해 줄 것인지 주제를 구성한다.
• 연필로 도화지에 스케치한다.
• 색연필이나 유성크레용으로 채색한다.
• 어두움을 진하게 표현하고 싶다면 수채화 물감을 바탕에 살짝 발라 준다.
• 물감이 마른 뒤 검정파스텔을 더욱 더 어둡게 뿌린다.
• 지우개를 이용하여 빛의 모양이나 느낌에 따라 지운다.
• 촛불은 힘을 빼고 동그랗게 지우며, 자동차 라이트는 자를 대고 지우개로 직선이 되게 지운다.
• 픽사티브를 뿌려 마무리한다.</td><td rowspan="2">60분</td><td rowspan="2">• 재료를 여유 있게 준비해 둔다.
• 계절에 따라 자연물도 가능하다(나뭇잎, 가지, 꽃잎 등).</td></tr>
<tr><td>TIP</td><td colspan="4">• 인공빛을 내는 사물들의 묘사를 위하여 사진 자료를 준비해 놓는다(스탠드, 컴퓨터, 자동차, 간판 등).
• 지우개 사용 시 날카롭게 사선으로 잘라 주어야 빛을 지울 때 유용하다.</td></tr>
<tr><td>평가 계획</td><td colspan="6">• 내가 구성한 주제에 맞게 회화를 구성하였는가?
• 나의 주제에 따라 어두움의 정도를 조절하며 빛의 느낌을 정확히 표현하였는가?</td></tr>
<tr><td>다중지능</td><td colspan="6">빛의 굴절의 정도나 사물에 맞는 빛의 느낌을 표현하며 인공빛과 자연빛의 다양한 표현으로 빛의 원리를 이해한다.</td></tr>
<tr><td>관련지능</td><td colspan="6">자연친화 지능</td></tr>
</table>

7세 여아, 강아지

7세 여아, 나의 방

프로그램 계획서-**논리-수학**

단위	논리-수학	주제	**명화를 2019 버전으로**	대상	초등 2, 3학년
주요 지능	논리-수학 지능				
학습 목표	• 우리가 알고 있는 친근한 명화의 장소를 현대적인 물건을 통해 2019년의 느낌으로 바꾸어 본다. • 과거와 현재의 차이를 독특하게 체험해 본다.				
준비물	다양한 명화사진(장소가 있는), 고흐의 방 등, 최근 제품의 사진들(노트북, 컴퓨터, 스마트폰 등), 풀, 도화지, 가위, 채색도구				

학습 과정	교수-학습 활동		시간	유의사항
	교사 활동	아동 활동		
동기 유발	최근에 사람들이 사용하는 편리한 물건들에 대해 이야기해 본다.	• 과거와 다르게 우리 생활을 편리하게 해 주는 물건들은 뭐가 있을까? • 예전과 크게 달라진 게 뭐가 있을까?	10분	
학습 활동 전개	• 교사는 다양한 사진 자료를 준비한다. • 혹시 아이들이 원하는 자료가 있다면 프린트해 주도록 한다.	• 내가 그리고자 하는 명화를 고른다. • 명화의 시대적인 배경을 생각해 본다. • 명화 속 배경을 그대로 도화지에 그린다. • 채색 후, 어울리는 현대적인 물건을 가위로 오린 뒤 적당한 위치에 붙인다. • 원래의 명화와 어떻게 느낌이 달라졌는지 감상해 본다.	60분	
TIP				

평가 계획	• 명화의 느낌을 그대로 표현하되, 최근의 물건을 자연스럽게 합성하였는가? • 과거와 현재의 차이를 이해하며 작업하였는가?
다중지능	과거의 배경에 걸맞는 물건을 찾아주며 비교하고 분석하는 능력을 기른다.
관련지능	공간 지능

고흐의 카페테라스를 바꾸어 보기

프로그램 계획서-**논리-수학**

<table>
<tr><td>단위</td><td>논리–수학</td><td>주제</td><td>작가의 흔적을 찾아라!</td><td>대상</td><td>초등 1, 2학년</td></tr>
<tr><td>주요 지능</td><td colspan="5">논리–수학 지능</td></tr>
<tr><td>학습 목표</td><td colspan="5">얀 반 에이크(Jan van Eyck)의 작품 감상 후 작가의 간접적인 흔적을 찾아보며 그림의 숨은 스토리를 같이 탐색해 본다.</td></tr>
<tr><td>준비물</td><td colspan="5">얀 반 에이크의 작품 사진, 색도화지 작은 반구, 와이어 철사, 카렌다쉬, 연필, 글루건, A4 용지</td></tr>
<tr><td rowspan="2">학습 과정</td><td colspan="2">교수–학습 활동</td><td rowspan="2">시간</td><td rowspan="2" colspan="2">유의사항</td></tr>
<tr><td>교사 활동</td><td>아동 활동</td></tr>
<tr><td>동기 유발</td><td>얀 반 에이크의 작품 사진을 보며 그림속 작가의 흔적을 같이 찾아보며 유추해 본다.</td><td>내가 작가라면 어떠한 방법으로 나의 그림을 표현할 것인지 다양한 방법을 생각해 보고 고민해 본다.</td><td>10분</td><td colspan="2"></td></tr>
<tr><td>학습 활동 전개</td><td>• 다양한 방법으로 작가의 존재감 표현이 가능하다는 것을 충분히 설명 · 제시해 주어 사고를 확장해 준다.
• 그리기 주제는 나의 집으로 해주어도 좋지만 다른 주제를 선택하여 구성해도 좋다.</td><td>• 도화지 색상을 고른 뒤 우리 집을 스케치한다.
• 볼록거울 표현을 위하여 거울 대신 반구를 붙일 자리는 남겨 놓는다.
• A4 용지를 반구의 크기에 맞게 자른 뒤 나의 얼굴을 그린다.
• 그린 얼굴을 가위로 자른 뒤 반구 안에 넣어 준다(와이어 철사나 비즈 등을 이용하여 거울을 꾸며 주어도 좋다).
• 채색한다.</td><td rowspan="2">60분</td><td rowspan="2" colspan="2"></td></tr>
<tr><td>TIP</td><td colspan="2">반구 안에 종이를 집어넣을 때 볼록한 느낌이 나도록 고려하여 넣어 준다.</td></tr>
<tr><td>평가 계획</td><td colspan="5">• 나만의 방법으로 작가를 표현하였는가?
• 공간감을 고려하여 나의 집을 표현하였는가?</td></tr>
<tr><td>다중지능</td><td colspan="5">볼록거울의 원리에 대해서도 이해하며, 작가가 자신의 작품에 어떠한 방식으로 존재를 표현하는 것이 가능한지 유추해 본다.</td></tr>
<tr><td>관련지능</td><td colspan="5">공간 지능, 인간친화 지능</td></tr>
</table>

8세 여아,
얀 반 에이크-거울 속 작가(나)의 모습이
비치는 상황 표현

프로그램 계획서-논리-수학

<table>
<tr><td>단위</td><td>논리–수학</td><td>주제</td><td colspan="2">패턴을 찾아라!</td><td>대상</td><td>초등 2학년</td></tr>
<tr><td>주요 지능</td><td colspan="6">논리–수학지능</td></tr>
<tr><td>학습 목표</td><td colspan="6">패턴이라는 개념을 이해하고 각 패턴이 가진 색감을 그대로 표현해 보며 색에 대한 감각을 기른다.</td></tr>
<tr><td>준비물</td><td colspan="6">도화지, 네임펜, 카렌다쉬, 물감 등</td></tr>
<tr><td rowspan="2">학습
과정</td><td colspan="3">교수–학습 활동</td><td rowspan="2">시간</td><td rowspan="2" colspan="2">유의사항</td></tr>
<tr><td colspan="2">교사 활동</td><td>아동 활동</td></tr>
<tr><td>동기
유발</td><td colspan="2">• 다양한 패턴을 가진 사물이나 동물에 대해 이야기해 본다.
• 다양한 사진 자료를 준비한다(꿀벌, 얼룩말, 호랑이 사진 등).</td><td>• 패턴을 응용한 작품이나 일상에서 볼 수 있는 모든 것들을 이야기해 보며 찾아본다.</td><td>10분</td><td colspan="2"></td></tr>
<tr><td>학습
활동
전개</td><td colspan="2">생각하기 어려워하는 친구들은 많은 주제를 생각해 낼 수 있는 패턴(호피, 지브라)을 선택할 수 있도록 유도한다.</td><td>• 원하는 패턴을 선택한다.
• 고른 패턴과 같은 색감이 있는 물건과 사물을 모두 생각해 본다.
• 생각해 둔 사물을 이용하여 한 장의 그림을 구성한다.
• 채색한다. 채색 시 사물의 느낌에 따라 도구를 다르게 해 준다.</td><td rowspan="2">60분</td><td rowspan="2" colspan="2">시간이 부족하지 않도록 그림 크기를 조절하거나 중간중간 시간을 잘 조정한다.</td></tr>
<tr><td>TIP</td><td colspan="3"></td></tr>
<tr><td>평가
계획</td><td colspan="6">패턴의 개념에 대해 이해하며 다양한 쓰임을 이해하고 찾아 구성하였는가?</td></tr>
<tr><td>다중지능</td><td colspan="6">같은 패턴을 가진 주변의 모든 것을 찾아내고 유추해 보며 관련성을 이해하고 높인다.</td></tr>
<tr><td>관련지능</td><td colspan="6">자연친화 지능</td></tr>
</table>

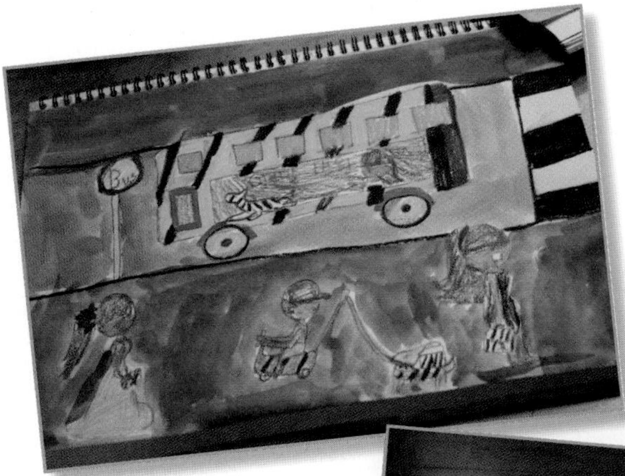

꿀벌 패턴
도로 안전바

초등 2 여아,
패턴을 찾아라!

프로그램 계획서–논리–수학

단위	논리–수학	주제	커피콩 모자이크	대상	초등 4, 5학년
주요 지능	논리–수학 지능				
학습 목표	명암의 단계에 맞추어 모자이크를 이해해 본다.				
준비물	다양한 색으로 구운 커피콩, 폼보드, 오공본드, 막대, 자료 사진, 먹지, 연필, 아크릴 물감				
학습 과정	교수–학습 활동		시간	유의사항	
	교사 활동	아동 활동			
동기 유발	커피콩의 생김새와 원두를 볶을수록 변화하는 색감에 대해 설명한다.	• 명암에 대해 이해한다. • 다양한 흑백으로만 그림의 형태를 표현된 그림을 감상하여 이해를 돕는다.	10분		
학습 활동 전개	커피콩으로 명암 단계를 표현하기 전에 어떠한 색의 콩으로 어떻게 표현할지 계획을 세우고 진행한다.	• 친숙한 인물의 사진을 준비하여 명암의 단계를 나누어 본다. • 먹지에 대고 연필로 폼보드에 그려 준다. • 다양한 색의 커피콩으로 명암 단계를 의식하며 붙여 준다. • 멀리서 감상해 본다. • 바탕색을 아크릴 물감으로 채색한다.	60분		
TIP	커피콩은 프라이팬에 볶아서 여러 가지 색을 만들어 준다.				
평가 계획	내 얼굴의 음영을 효과적으로 표현하여 멀리서 보아도 입체감 있게 보이는가?				
다중지능	• 커피콩이 가지고 있는 색감을 이용하여 얼굴의 음영과 매칭하여 붙여 본다. • 모자이크의 업그레이드 버전이므로 난이도가 있어 고학년 친구들 수업에 적합하다.				
관련지능	공간 지능				

초등 4 여아,
스티브 잡스

GELBER OCKER

3

음악 지능

프로그램 계획서-**음악**

<table>
<tr><td>단위</td><td>음악</td><td>주제</td><td>고흐의 작품을 음악 듣고 표현하기</td><td>대상</td><td>초등 2, 3학년</td></tr>
<tr><td>주요 지능</td><td colspan="5">음악 지능</td></tr>
<tr><td>학습 목표</td><td colspan="5">• 고흐를 주제로 한 음악을 듣고 가사를 보며 작품 감상을 한다.
• 노래는 팝송 〈vincent〉를 참고한다.</td></tr>
<tr><td>준비물</td><td colspan="5">도화지, 글루건, 하드보드지, 각종 채색도구, 필름지, 고흐의 작품 사진</td></tr>
<tr><td rowspan="2">학습 과정</td><td colspan="3">교수-학습 활동</td><td rowspan="2">시간</td><td rowspan="2">유의사항</td></tr>
<tr><td>교사 활동</td><td colspan="2">아동 활동</td></tr>
<tr><td>동기 유발</td><td>음악을 들으며 가사를 같이 감상한다.</td><td colspan="2">고흐의 작품 사진을 보며 느껴지는 감정을 언어로 표현하고, 선생님이나 친구들과 자유롭게 이야기해 본다.</td><td>10분</td><td>음악의 멜로디와 가사 감상이 중요하다.</td></tr>
<tr><td>학습 활동 전개</td><td>• 고흐의 작품 중 좋아하는 작품을 고른다.
• 1주차에 작품을 완성하기는 힘들므로, 어느 정도까지 마무리를 하고 다음 시간에 이어갈지를 염두에 두고 작업한다.</td><td colspan="2">• 작품을 고른 뒤 작품의 배경을 스케치 후 채색해 준다(카렌다쉬 색감이 고흐 작품 표현에 느낌을 내기 좋다).
• 채색 후 개인에 따라 입체작업으로 유도해도 좋다.</td><td rowspan="2">60분</td><td rowspan="2"></td></tr>
<tr><td>TIP</td><td>모사 작업이지만 똑같이 하나하나 작업하기보다는 내가 좋아하는 부분을 위주로 작업을 하는 게 좋다.</td><td colspan="2"></td></tr>
<tr><td>평가 계획</td><td colspan="5">내가 느꼈던 고흐 작품의 아름다운 특색을 표현하려고 하였는가?</td></tr>
<tr><td>다중지능</td><td colspan="5">• 음악의 가사와 멜로디를 느껴 보며 작품과 연결하여 관찰해 보며 같은 감성을 가져 본다.
• 타인의 작품을 표현해 보며 공감대를 형성해 보는 기회를 가질 수 있다.</td></tr>
<tr><td>관련지능</td><td colspan="5">인간친화 지능</td></tr>
</table>

초등 3 남아, 론강의 별밤(위), 고흐의 해바라기(아래)

프로그램 계획서-음악

<table>
<tr><td>단위</td><td>음악</td><td>주제</td><td colspan="2">오르골 제작하기</td><td>대상</td><td>7, 8세</td></tr>
<tr><td>주요 지능</td><td colspan="6">음악 지능</td></tr>
<tr><td>학습 목표</td><td colspan="6">내가 그린 그림을 붙여 소리가 나도록 오르골로 제작하면서 제작 기능을 알아 간다.</td></tr>
<tr><td>준비물</td><td colspan="6">오르골 기계, 얇은 우드락, 구부려지는 빨대, 필름지, 채색도구(색연필, 네임펜) 등</td></tr>
<tr><td rowspan="2">학습 과정</td><td colspan="4">교수-학습 활동</td><td rowspan="2">시간</td><td rowspan="2">유의사항</td></tr>
<tr><td colspan="2">교사 활동</td><td colspan="2">아동 활동</td></tr>
<tr><td>동기 유발</td><td colspan="2">소리 나는 오르골의 원리에 대해 이야기하고 탐색한다.</td><td colspan="2">교사와 함께 오르골에 대해 이야기해 보고 내가 제작을 하게 된다면 어떤 스토리를 만들면 좋을지 간단하게 이야기해 본다.</td><td>10분</td><td></td></tr>
<tr><td>학습 활동 전개</td><td colspan="2">• 우드락을 동그랗게 잘라 준 뒤 가운데 할핀이 들어갈 수 있도록 송곳으로 구멍을 만들어 준비한다.</td><td colspan="2">• 내가 표현해 주고 싶은 인물이나 동물을 도화지에 그린다.
• 교사가 준비한 동그란 우드락 판에 그려 준 인물이나 동물을 세워 붙여 준다.
• 똑같은 크기의 동그란 우드락 한 장을 더 겹쳐서 두 장에 할핀을 끼워 준다.
• 필름지를 동그랗게 말아 원기둥이 되도록 한다.
• 오르골 기계를 밑에 붙인다.
• 오르골을 돌리면 우드락 판이 움직이며 돌아간다.</td><td rowspan="2">60분</td><td rowspan="2">그리기, 만들기 등 복합적인 작업이 많으므로 시간이 부족하지 않도록 유의한다.</td></tr>
<tr><td>TIP</td><td colspan="4"></td></tr>
<tr><td>평가 계획</td><td colspan="6">• 내가 만들어 준 이야기에 맞게 주인공을 표현하였는가?
• 주인공이 움직임 있게 소리에 맞춰 표현되었는가?</td></tr>
<tr><td>다중지능</td><td colspan="6">내가 만들어 준 작품에 멜로디가 입혀지면서 단순한 소리의 느낌이나 기능을 체험해 본다.</td></tr>
<tr><td>관련지능</td><td colspan="6">신체운동 지능</td></tr>
</table>

8세 여아, 오르골 공주와 마을

프로그램 계획서-음악

단위	음악	주제	**음악을 듣고 붓으로 표현하기**	대상	6, 7세

주요 지능	음악 지능
학습 목표	• 다양한 음악 소리를 듣고 그 느낌을 그대로 붓의 터치와 물감의 색과 농도로 표현해 보며 음악적 느낌을 다양하게 표현해 본다.
준비물	물감, 물통, 다양한 크기의 붓, 도화지

학습 과정	교수-학습 활동		시간	유의사항
	교사 활동	아동 활동		
동기 유발	여러 가지 소리의 음악을 들려준다.	소리를 듣고 어떠한 느낌이 드는지 나만의 느낌을 이야기해 본다.	10분	
학습 활동 전개	• 음악을 준비한다. • 다양한 크기의 붓을 선택하여 강약을 표현할 수 있도록 해 준다.	• 음악 소리를 듣고 내가 느끼는 대로 붓을 움직여 선을 표현하고 곡선과 직선 등으로 마음대로 표현해 본다. • 감상하며 친구들과 나의 감정을 이야기해 본다.	60분	
TIP	개인의 에너지에 맞추어 붓의 크기를 선택할 수 있도록 붓의 크기와 모양을 다양하게 준비하여 준다.			

평가 계획	다양한 음악 소리에 맞추어 내가 느끼는 감정을 물감으로 다양하게 표현하였는가?
다중지능	음악이 가지고 있는 다양한 감정, 강렬함, 희미함, 잔잔함 등을 물감으로 표현하며 감정의 표현을 다양하게 할 수 있도록 돕는다.
관련지능	신체운동 지능, 언어 지능

6세 남아, 음악을 들으며 자유롭게 붓으로 물감 작업

4

신체운동 지능

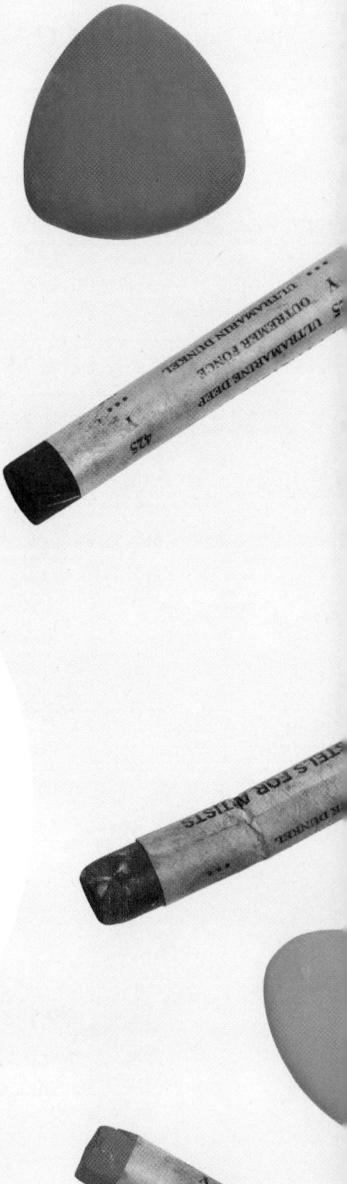
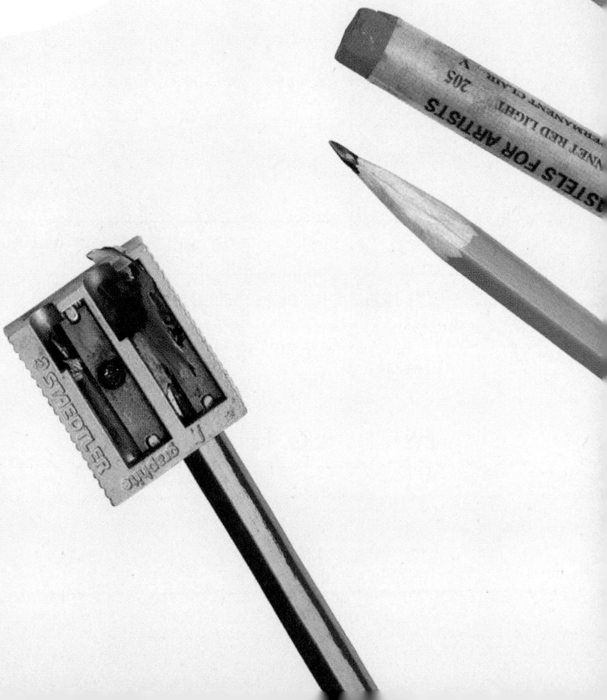

프로그램 계획서-신체운동

단위	신체운동	주제	**동계 올림픽 움직이는 선수 만들기**	대상	7세~ 초등 저학년
주요 지능	신체운동 지능				
학습 목표	겨울 스포츠에 대한 움직임에 대해 이해하고 동작을 표현해 보며 운동감 있는 몸의 동작은 익힌다.				
준비물	하드보드지, 자석, 트레팔지, 카렌다쉬, 천				
학습 과정	교수-학습 활동			시간	유의사항
	교사 활동	아동 활동			
동기 유발	• 동계 올림픽 경기에는 무엇이 있을까? • 얼음 위에서 경기하는 선수들의 포즈나 느낌은 어떨까?	내가 좋아하는 선수나 경기에 대해 이야기해 본다.		10분	
학습 활동 전개	속도가 조금 느린 친구들은 배경보다는 인물 표현에 신경을 쓰도록 한다.	• 내가 그려 주고 싶은 경기를 정한다. • 도화지에 선수의 모습을 사진 자료를 보고 자세히 그린다. 유니폼의 느낌과 동작을 세심하게 표현한다. • 적당한 채색도구를 선택하여 채색한 뒤 가위로 오린다. • 하드보드지에 경기장 배경과 경기장 바닥을 그린 뒤 채색한다. • 트레팔지를 잘라 경기장 바닥 부분만 붙여 아이스 느낌을 표현한다. • 잘라 둔 선수 뒤에 자석을 붙이고 하드보드지 뒤의 자석을 움직여 선수의 몸이 그림 위에서 자유롭게 움직일 수 있도록 한다.		60분	인물 표현과 몸동작 표현이 어렵다 보니 시간 조절을 잘하도록 한다.
TIP	자석을 고를 때 최대한 서로 당기는 힘이 센 것을 고른다.				
평가 계획	선수의 동작과 의상, 경기장의 배경을 주제에 맞게 표현하였는가?				
다중지능	• 우리가 평소에 자주 표현하지 않았던 동작을 표현해 보며 몸의 자유로운 느낌을 알아 간다. • 작품을 움직여 보며 얼음 위에서 움직이는 사람의 느낌과 아름다움을 느낀다.				
관련지능	공간 지능				

7세 남아, 쇼트트랙 경기

초등 1 여아, 김연아 선수 피겨스케이팅 경기

프로그램 계획서-**신체운동**

<table>
<tr><td>단위</td><td>신체운동</td><td>주제</td><td colspan="2">봉지에 바람을 넣어 입체 표현</td><td>대상</td><td>초등 5, 6학년</td></tr>
<tr><td>주요 지능</td><td colspan="6">신체운동 지능</td></tr>
<tr><td>학습 목표</td><td colspan="6">약하지만 자유롭게 변형이 가능한 봉지의 특성을 이용하여 다양한 입체작업을 해 본다.</td></tr>
<tr><td>준비물</td><td colspan="6">선풍기, 봉지, 테이프, 모루볼, 가위, 고무줄 등</td></tr>
<tr><td rowspan="2">학습 과정</td><td colspan="4">교수-학습 활동</td><td rowspan="2">시간</td><td rowspan="2">유의사항</td></tr>
<tr><td colspan="2">교사 활동</td><td colspan="2">아동 활동</td></tr>
<tr><td>동기 유발</td><td colspan="2">봉지에 바람을 넣어 보면 어떻게 될까?</td><td colspan="2">봉지라는 매체를 만져 보고 묶어 보고 풍선처럼 불어 보며 탐색한다.</td><td>10분</td><td></td></tr>
<tr><td>학습 활동 전개</td><td colspan="2">선풍기를 틀어 봉지 안에 바람을 넣어 다양한 모양과 크기를 만들어 본다.</td><td colspan="2">• 선풍기 바람에 봉지를 대고 묶어 보기도 하며 모양을 만들어 본다.
• 고정할 때 묶기 힘들므로 고무줄을 사용하여 묶으며, 바람이 나오지 않도록 테이프로 한 번 더 붙인다.
• 다양한 재료를 붙이거나 매직으로 그림을 그리며 주제를 표현한다.</td><td rowspan="2">60분</td><td rowspan="2">작업 마무리 단계에서 터지지 않도록 유의한다.</td></tr>
<tr><td>TIP</td><td colspan="4">묶는 작업이 힘든 친구들은 테이프를 이용한다.</td></tr>
<tr><td>평가 계획</td><td colspan="6">바람을 넣어 보며 봉지의 특징을 살려 입체감 있게 작업해 보고 다양하게 탐색해 보려고 하였는가?</td></tr>
<tr><td>다중지능</td><td colspan="6">봉지에 바람을 넣어 친구들 또는 선생님과 재미있게 신체놀이를 한다.</td></tr>
<tr><td>관련지능</td><td colspan="6">인간친화 지능</td></tr>
</table>

6세 여아, 치마

6세 남아, 호랑이

6세 남아, 풍선이 터지지 않도록 가벼운 빨대 테이핑 작업 중

프로그램 계획서-신체운동

<table>
<tr><td>단위</td><td>신체운동</td><td>주제</td><td colspan="2">**손그림자 연상작업**</td><td>대상</td><td>초등 2, 3학년</td></tr>
<tr><td>주요 지능</td><td colspan="6">신체운동 지능</td></tr>
<tr><td>학습 목표</td><td colspan="6">내가 만든 손그림자를 이용하여 연상하여 묘사하기</td></tr>
<tr><td>준비물</td><td colspan="6">도화지, 가위 , 각종 채색도구, 풀, 글루건, 골판지</td></tr>
<tr><td rowspan="2">학습 과정</td><td colspan="3">교수-학습 활동</td><td rowspan="2">시간</td><td colspan="2" rowspan="2">유의사항</td></tr>
<tr><td colspan="2">교사 활동</td><td>아동 활동</td></tr>
<tr><td>동기 유발</td><td colspan="2">손그림자를 다양하게 만들어 본다.</td><td>빛이 있는 곳에서 그림자를 연상하여 만들어 보며, 손으로 표현해 낼 수 있는 다양한 느낌을 느껴 본다.</td><td>10분</td><td colspan="2"></td></tr>
<tr><td>학습 활동 전개</td><td colspan="2">손은 그리기 어려운 주제이므로 어려워하는 친구들에게는 선생님이 스케치를 약간씩 도와주는 것이 도움이 될 수 있다.</td><td>어떤 형태를 그릴지 손으로 그림자를 만들었다면 나의 손 사진 촬영 후 그대로 묘사해 본다. 색연필을 이용해 채색한 후 가위로 오려 낸다. 오려 낸 종이를 골판지에 붙여 손으로 연상한 주제를 다시 한 번 골판지에 그려 준다(간단히 그려 주어도 괜찮다).</td><td rowspan="2">60분</td><td colspan="2" rowspan="2">사진 촬영이 번거롭다면 자신의 손을 보고 그대로 그려도 좋다.</td></tr>
<tr><td>TIP</td><td colspan="3"></td></tr>
<tr><td>평가 계획</td><td colspan="6">• 손의 묘사가 제대로 이루어졌는가?
• 손의 연상 표현에서 독창적인 생각을 해내려고 했는가?</td></tr>
<tr><td>다중지능</td><td colspan="6">손을 움직이며 그동안 생각해 보지 못한 손의 움직임과 다양한 느낌을 탐색한다.</td></tr>
<tr><td>관련지능</td><td colspan="6">언어 지능</td></tr>
</table>

초등 2, 손으로 만든 닭

초등 3, 손으로 만든 백조

프로그램 계획서-**신체운동**

<table>
<tr><td>단위</td><td>신체운동</td><td>주제</td><td colspan="2">춤추는 명화 속 그림</td><td>대상</td><td>초등 3학년</td></tr>
<tr><td>주요 지능</td><td colspan="6">신체운동 지능</td></tr>
<tr><td>학습 목표</td><td colspan="6">명화 속 다양한 움직임을 따라해 보고 동작감을 체험하며 내가 명화 속 주인공이 되어 보기도 한다.</td></tr>
<tr><td>준비물</td><td colspan="6">마티스, 드가 등의 움직임이 많은 동작감이 있는 사진, 도화지, 채색도구, 카메라, 가위, 풀</td></tr>
<tr><td rowspan="2">학습 과정</td><td colspan="3">교수-학습 활동</td><td rowspan="2">시간</td><td colspan="2" rowspan="2">유의사항</td></tr>
<tr><td colspan="2">교사 활동</td><td>아동 활동</td></tr>
<tr><td>동기 유발</td><td colspan="2">• 다양한 명화 속 사진의 주인공, 발레하는 사람, 춤추는 사람을 감상해 본다.
• 느낌을 이야기해 본다.</td><td>내가 좋아하는 명화 속 장면을 고른 뒤에 그 장면을 따라 해 보기도 하며 감상한다.</td><td>10분</td><td colspan="2"></td></tr>
<tr><td>학습 활동 전개</td><td colspan="2">친구들이 채색하는 동안 사진을 프린트한다.</td><td>• 다양한 명화 속 사진 중 마음에 드는 자료를 고른다.
• 주인공의 포즈를 비슷하게 따라 해 본다(교사가 카메라로 사진을 찍어 준다).
• 도화지에 명화를 따라서 스케치 한다.
• 색연필과 물감을 이용하여 채색한 뒤에 나의 사진을 적당한 위치에 오려서 붙여 준다.
• 주인공의 동작과 나의 동작을 비교해 보기도 하며 감상한다.</td><td rowspan="2">60분</td><td colspan="2" rowspan="2"></td></tr>
<tr><td>TIP</td><td colspan="3"></td></tr>
<tr><td>평가 계획</td><td colspan="6">• 명화의 느낌과 주인공의 동작을 디테일하게 묘사하였는가?
• 동작을 움직이며 적극적으로 참여하였는가?</td></tr>
<tr><td>다중지능</td><td colspan="6">명화 속 주인공의 동작을 따라해 보며 오래된 명화지만 조금 더 친숙하게 접근하여 나의 몸을 움직이며 에너지를 발산할 수 있다.</td></tr>
<tr><td>관련지능</td><td colspan="6">공간 지능</td></tr>
</table>

초등 3 여아, 드가 〈발레수업〉

프로그램 계획서-**신체운동**

<table>
<tr><td>단위</td><td>신체운동</td><td>주제</td><td colspan="2">화장솜 모자이크</td><td>대상</td><td>5, 6세</td></tr>
<tr><td>주요 지능</td><td colspan="6">신체운동 지능</td></tr>
<tr><td>학습 목표</td><td colspan="6">모자이크의 개념을 다양한 재료로 표현해 보며 화장솜이 갖고 있는 매체의 특징을 신체적 촉감으로 알아본다.</td></tr>
<tr><td>준비물</td><td colspan="6">화장솜, 색상지, 3M 스프레이 접착제, 물감, 붓, 매직, 스탬프 등</td></tr>
<tr><td rowspan="2">학습 과정</td><td colspan="3">교수-학습 활동</td><td rowspan="2">시간</td><td colspan="2" rowspan="2">유의사항</td></tr>
<tr><td colspan="2">교사 활동</td><td>아동 활동</td></tr>
<tr><td>동기 유발</td><td colspan="2">• 화장솜의 촉감이나 다른 매체와 어떻게 다른지 이야기해 본다.
• 모자이크의 개념에 대해 이야기해 본다.</td><td>화장솜을 만져 보고 물감을 번지게 해 보며 매체의 특성을 관찰한다.</td><td>10분</td><td colspan="2"></td></tr>
<tr><td>학습 활동 전개</td><td colspan="2">주제를 정할 때 여러 가지 주제보다는 한 가지 주제를 크게 표현하도록 한다.</td><td>• 내가 좋아하는 색을 고른다.
• 그리고자 하는 주제를 한 가지 정해 준 뒤 색상지에 연필로 옮겨 그린다.
• 3M 스프레이 접착제를 연필로 그린 형태에만 뿌려준 뒤 화장솜을 그린 모양에 따라 붙여 준다.
• 붙여 놓은 화장솜을 여러 채색도구를 사용하여 탐색해 본다.</td><td>60분</td><td colspan="2"></td></tr>
<tr><td>TIP</td><td colspan="3"></td><td></td><td colspan="2"></td></tr>
<tr><td>평가 계획</td><td colspan="6">• 모자이크라는 개념을 생각하며 형태를 표현하였는가?
• 여러 채색도구를 사용하고 탐색하여 화장솜의 다양한 변화를 표현되게 하였는가?</td></tr>
<tr><td>다중지능</td><td colspan="6">공간 지능-미취학 어린이에게는 그림을 스케치 후 모자이크 개념으로 접근하여도 좋다.</td></tr>
<tr><td>관련지능</td><td colspan="6">공간 지능</td></tr>
</table>

6세 남아, 곰

6세 남아, 비행기

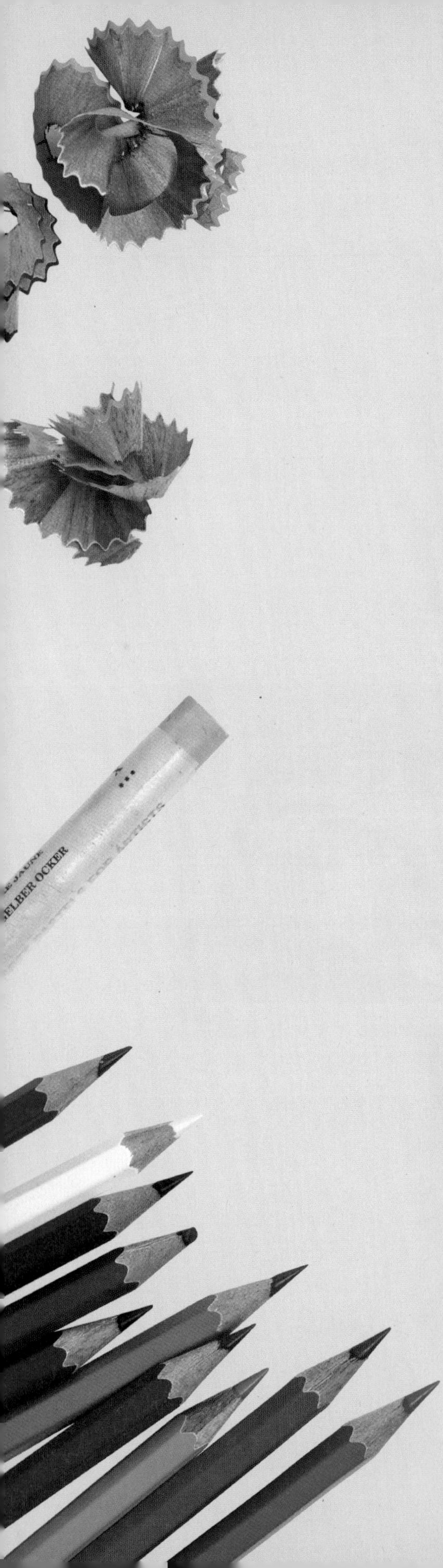

5

공간 지능

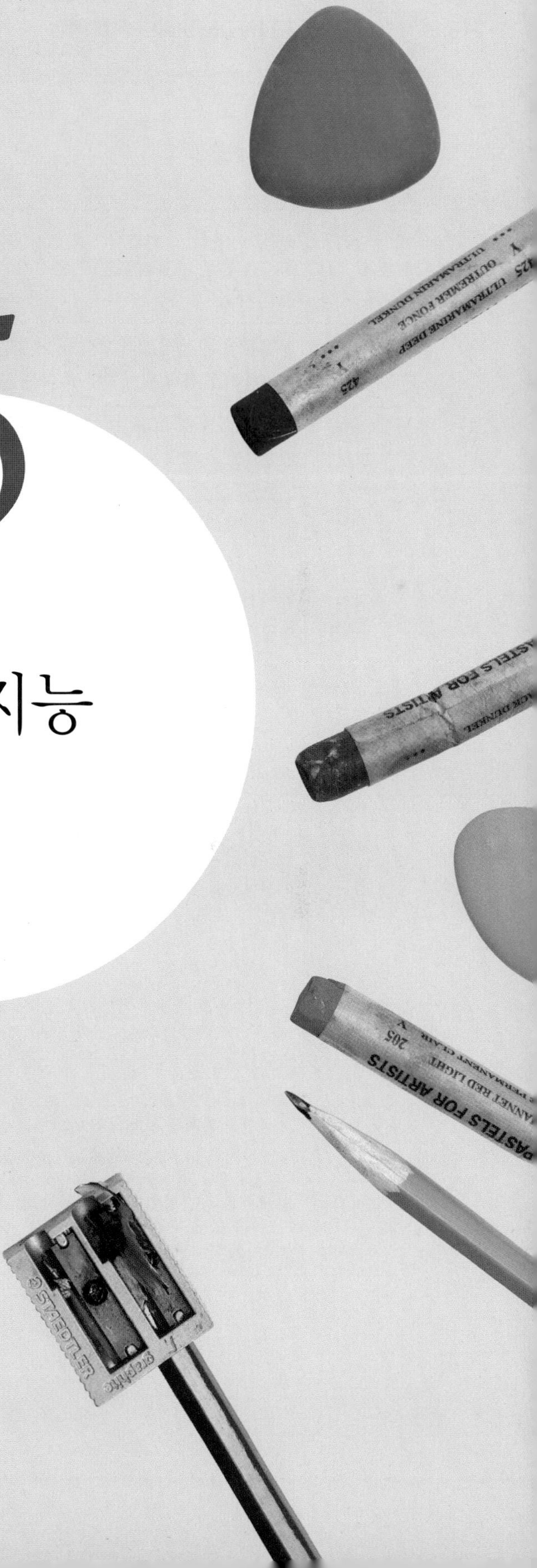

프로그램 계획서-공간

<table>
<tr><td>단위</td><td>공간</td><td>주제</td><td colspan="2">아파트 투시해 보기</td><td>대상</td><td>초등 2, 3학년</td></tr>
<tr><td>주요 지능</td><td colspan="6">공간 지능</td></tr>
<tr><td>학습 목표</td><td colspan="6">• 밖에서 본 아파트의 모습을 디테일하게 표현하고 묘사하여 본다.
• 공간의 흐름에 맞게 연출하며 공간감을 자연스럽게 익힌다.</td></tr>
<tr><td>준비물</td><td colspan="6">8절 도화지, 자, 마커, 네임펜, 색연필, 물감 등</td></tr>
<tr><td rowspan="2">학습 과정</td><td colspan="3">교수-학습 활동</td><td rowspan="2">시간</td><td colspan="2" rowspan="2">유의사항</td></tr>
<tr><td colspan="2">교사 활동</td><td>아동 활동</td></tr>
<tr><td>동기 유발</td><td colspan="2">밖에서는 우리 집의 베란다가 어떻게 보일까?</td><td>• 지나가면서 본 아파트의 모습을 이야기해 본다.
• 밤에 불 켜진 집, 꺼진 집, 커튼으로 가려진 집</td><td>10분</td><td colspan="2"></td></tr>
<tr><td>학습 활동 전개</td><td colspan="2">2층 이상으로 하는 게 좋지만, 부담스러워 하는 친구들은 구도를 바꾸어 1층으로 표현해 주어도 좋다.</td><td>• 도화지에 먼저 매직이나 네임펜으로 아파트를 그리고 베란다를 그려 준다. 이때 자를 써도 좋다.
• 연필로 각각의 베란다에 비치는 공간의 모습, 가구나 커튼, 인물 등을 다양하게 표현해 준다.
• 유성크레용이나 색연필을 이용하여 각 집의 개성을 고려하여 채색한다.
• 불이 꺼진 집은 물감이나 파스텔로 어두운 느낌을 낸다.</td><td rowspan="2">60분</td><td colspan="2" rowspan="2"></td></tr>
<tr><td>TIP</td><td colspan="3"></td></tr>
<tr><td>평가 계획</td><td colspan="6">• 공간의 위치를 정확히 표현하였는가?
• 각각의 집의 개성적 표현이 되었는가?</td></tr>
<tr><td>다중지능</td><td colspan="6">입체 실내 공간의 표현으로 공간감을 이해하며 사물의 위치를 공간에 맞추어 표현해 본다.</td></tr>
<tr><td>관련지능</td><td colspan="6">논리-수학 지능</td></tr>
</table>

초등 2, 피사의 사탑 안의 이야기(투시)

초등 2 여아, 내가 디자인한 집 속을 투시해 보기

프로그램 계획서-공간

<table>
<tr><td>단위</td><td>공간</td><td>주제</td><td colspan="2">우리 집을 열어라</td><td>대상</td><td>6, 7세</td></tr>
<tr><td>주요 지능</td><td colspan="6">공간 지능</td></tr>
<tr><td>학습 목표</td><td colspan="6">다양한 입체 공간에 대한 개념을 넓이고 다양한 사물의 형태의 이해를 돕는다.</td></tr>
<tr><td>준비물</td><td colspan="6">다양한 종이, 스카치 테이프, 네임펜, 연필, 색연필 등</td></tr>
<tr><td rowspan="2">학습 과정</td><td colspan="3">교수–학습 활동</td><td rowspan="2">시간</td><td colspan="2" rowspan="2">유의사항</td></tr>
<tr><td colspan="2">교사 활동</td><td>아동 활동</td></tr>
<tr><td>동기 유발</td><td colspan="2">• 우리 집에 무엇이 있을까?
• 문을 열면 그 속에 무엇이 보일까?</td><td>열어 볼 수 있는 것이 '문' 외에는 무엇이 있을지 다양하게 생각해 본다.</td><td>10분</td><td colspan="2"></td></tr>
<tr><td>학습 활동 전개</td><td colspan="2">문을 열면 보이는 것들이 직접 보았던 물건들도 있지만 상상해서 표현을 하도록 유도해도 좋다.</td><td>• 2절 도화지를 여러 겹 붙인다.
• 첫 장은 현관부터 시작하여 문을 그린다.
• 문이 열리도록 가위로 오린 뒤 뒷장에 문이 열린 뒤 거기엔 무엇이 보이는지 그린다. 거실을 그렸다면 거실에 보이는 문을 그리고 같은 방법으로 가위로 오린다.
• 오린 문을 열면 무엇이 보이는지 같은 방법으로 계속해서 연상하여 그려 준다.
• 마지막에 색칠하여 마무리한다.</td><td rowspan="2">60분</td><td colspan="2" rowspan="2"></td></tr>
<tr><td>TIP</td><td colspan="3"></td></tr>
<tr><td>평가 계획</td><td colspan="6">문을 열어 본다는 의도에 맞게 다양한 표현으로 구성하였는가?</td></tr>
<tr><td>다중지능</td><td colspan="6">우리 주변의 실내 공간 외에 입체의 성질을 가지고 있는 물건에 대해 자연스럽게 이해하며 공간이라는 개념을 더욱 더 넓게 확장하여 이해한다.</td></tr>
<tr><td>관련지능</td><td colspan="6">논리–수학 지능</td></tr>
</table>

7세 여아, 우리 집 방과 주방 열어 보기

프로그램 계획서-**공간**

<table>
<tr><td>단위</td><td>공간</td><td>주제</td><td>지하철 노선표 연상 그림</td><td>대상</td><td>6, 7세</td></tr>
<tr><td>주요 지능</td><td colspan="5">공간 지능</td></tr>
<tr><td>학습 목표</td><td colspan="5">점과 선으로 연결된 노선표를 보고 보다 더 흥미롭게 보이는 형태를 연상해 본다.</td></tr>
<tr><td>준비물</td><td colspan="5">트레싱지, 아스테이지, 노선표 프린트 종이 2장, 네임펜, 카렌다쉬, 지우개, 아크릴 물감 등</td></tr>
<tr><td rowspan="2">학습 과정</td><td colspan="3">교수-학습 활동</td><td rowspan="2">시간</td><td rowspan="2">유의사항</td></tr>
<tr><td colspan="2">교사 활동</td><td>아동 활동</td></tr>
<tr><td>동기 유발</td><td colspan="2">선으로 이루어진 노선표를 보고 연상되는 것을 찾아본다.</td><td>지하철 노선표에서 전체적으로 크게 보이는 형태나 작은 형태를 찾아본다.</td><td>10분</td><td></td></tr>
<tr><td>학습 활동 전개</td><td colspan="2">• 정해진 형태가 아니므로 찾기 힘들어 하는 친구들이 있다면 좋아하는 주제를 물어보고 그 형태를 찾도록 유도하며 흥미를 유발해도 좋다.
• 좋아하는 주제 예시: 배, 토끼 등</td><td>• 두 장의 노선표에 한 장은 아스테이지, 한 장은 트레팔지를 붙인다.
• 트레팔지 위에 밑에 비춰지는 노선표의 점과 선을 보고 보이는 형태를 모두 찾아 그려 준다.
• 카렌다쉬로 다양한 색을 칠한다.
• 아스테이지를 붙인 노선표에서 전체적으로 보이는 큰 형태를 찾아본다.
• 마지막으로 네임펜으로 진하게 그린 뒤 아크릴 물감으로 두껍게 채색한다.</td><td rowspan="2">60분</td><td rowspan="2"></td></tr>
<tr><td>TIP</td><td colspan="2"></td><td></td></tr>
<tr><td>평가 계획</td><td colspan="5">전체적으로 보이는 형태와 작게 보이는 형태 모두 자유롭게 찾았는가?</td></tr>
<tr><td>다중지능</td><td colspan="5">점과 선을 연결하여 보이는 형태를 찾으며 공간감과 점, 선, 면으로 이어지는 기본적인 원리를 이해한다.</td></tr>
<tr><td>관련지능</td><td colspan="5">논리-수학 지능</td></tr>
</table>

6세 여아, 교회, 집 등 다양한 형태 찾기

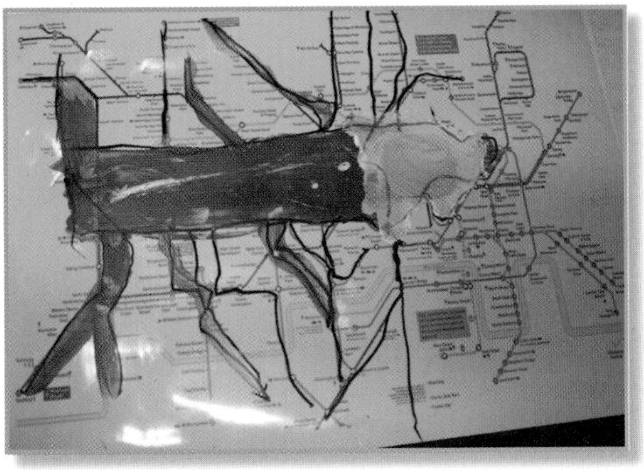

선과 면을 응용한 가재 찾아보기

프로그램 계획서-공간

단위	공간	주제	**피라미드**	대상	초등 3학년
주요 지능	공간 지능				
학습 목표	피라미드라는 유명한 입체조형물을 실감나게 재현해 보며 공간을 이해하고 표현한다.				
준비물	우드락, 황토물, 수세미 혹은 스펀지, 반짝이 가루, 카렌다쉬, 네임펜, 글루건, 자료 사진				

학습 과정	교수-학습 활동		시간	유의사항
	교사 활동	아동 활동		
동기 유발	피라미드의 과학적 원리와 기원, 스토리 등에 대해 이야기해 본다.	• 피라미드 내부는 어떤 모습일까? • 벽화의 모습은 어떨까? • 시대적 상황을 고려하여 상상해 본다.	10분	인원수에 따라 교사가 우드락은 미리 절단하여 준비하여도 좋다.
학습 활동 전개	• 우드락 자르는 것과 드라이기로 말리는 과정은 교사가 도와준다. • 황토를 바를 때 물을 너무 많이 섞게 되면 마르는 시간이 오래 걸리니 유의한다.	• 우드락에 피라미드 각각의 면을 그려 준 뒤 자른다. • 황톳물을 이용하여 큰 붓으로 피라미드 양면을 모두 색칠한다. • 색칠 후 금방 마르나, 드라이기로 말리면 더 빨리 마를 수 있다. • 말린 우드락에 네임펜이나 연필로 벽화 내부를 스케치한다. • 크레파스로 채색한다. • 반짝이 금가루 등을 뿌려 화려한 느낌을 살린다. • 각 면을 입체가 되도록 붙인다. • 바닥을 만들어 준다.	60분	
TIP	2주차 수업 진행을 하게 되면 디테일적인 부분 표현에 효과적이다.			
평가 계획	벽화의 느낌을 실감나게 표현하였는가?			
다중지능	피라미드라는 건축물의 입체공간을 직접 제작해 보며 공간에 대한 새롭고 다양한 시각을 갖는다.			
관련지능	인간친화 지능			

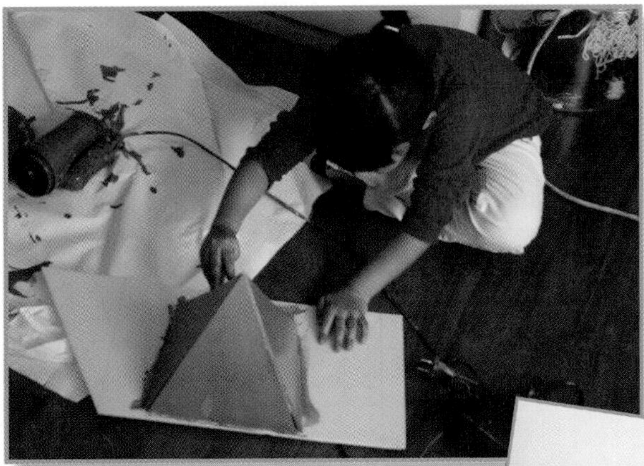

초등 2 여아,
피라미드 입체로 세워 붙이기

프로그램 계획서-**공간**

단위	공간	주제	**육면체 공간 구성**	대상	초등 2, 3학년
주요 지능	공간 지능				
학습 목표	우리가 살고 있고 알고 있는 공간의 전면을 그려 보고 입체화하면서 평면에서 입체가 되는 과정과 공간의 구성원리에 대해 쉽게 이해한다.				
준비물	글루건, 필름지, 폼보드, 도화지나 하드보드지, 자, 네임펜, 연필, 색연필 등				

학습 과정	교수-학습 활동		시간	유의사항
	교사 활동	아동 활동		
동기 유발	공간이라는 개념에 대해 이야기해 본다. 바닥, 벽, 천장 등 간단한 요소에서부터 도입을 시작한다.	내가 알고 있는 흥미로운 공간에 대해서 생각하고 이야기해 본다.	10분	
학습 활동 전개	내가 그리고 싶은 공간에 대해 정하고 필요하면 사진 자료도 검색한다.	• 하드보드지나 종이를 정육면체가 되도록 자를 이용하여 전개도를 그려 본다. • 그린 후 오려 준다(모눈종이 눈금이 있는 종이를 사용하여도 좋다. 자를 쓰거나 재단하기 힘들어 하는 친구들 포함). • 공간을 정하였다면 바닥이나 벽을 시작으로 그 공간의 특징을 살려서 드로잉 작업을 해 본다. • 드로잉 작업이 끝났다면 채색해 준다.	60분	다른 면으로 넘어갈 때 그림방향이 바뀌지 않도록 유의한다.
TIP	시간이 남는 친구들은 종이 바깥 면도 표현해 주어도 좋다.			
평가 계획	• 공간 구성 시에 방향이 바뀌지 않았는가? • 그 공간의 특색을 살려서 표현하였는가?			
다중지능	벽과 바닥 등 각각 세부적으로 표현해 보며 입체가 되어 세워지는 과정을 통하여 공간이라는 개념을 조금 더 구체적으로 이해해 본다.			
관련지능	논리-수학 지능			

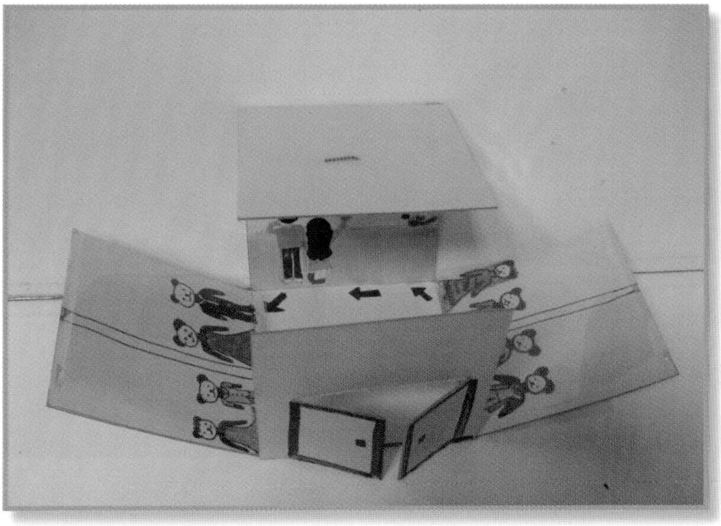

초등 3 여아, 테디베어 하우스

GELBER OCKER

6

인간친화 지능

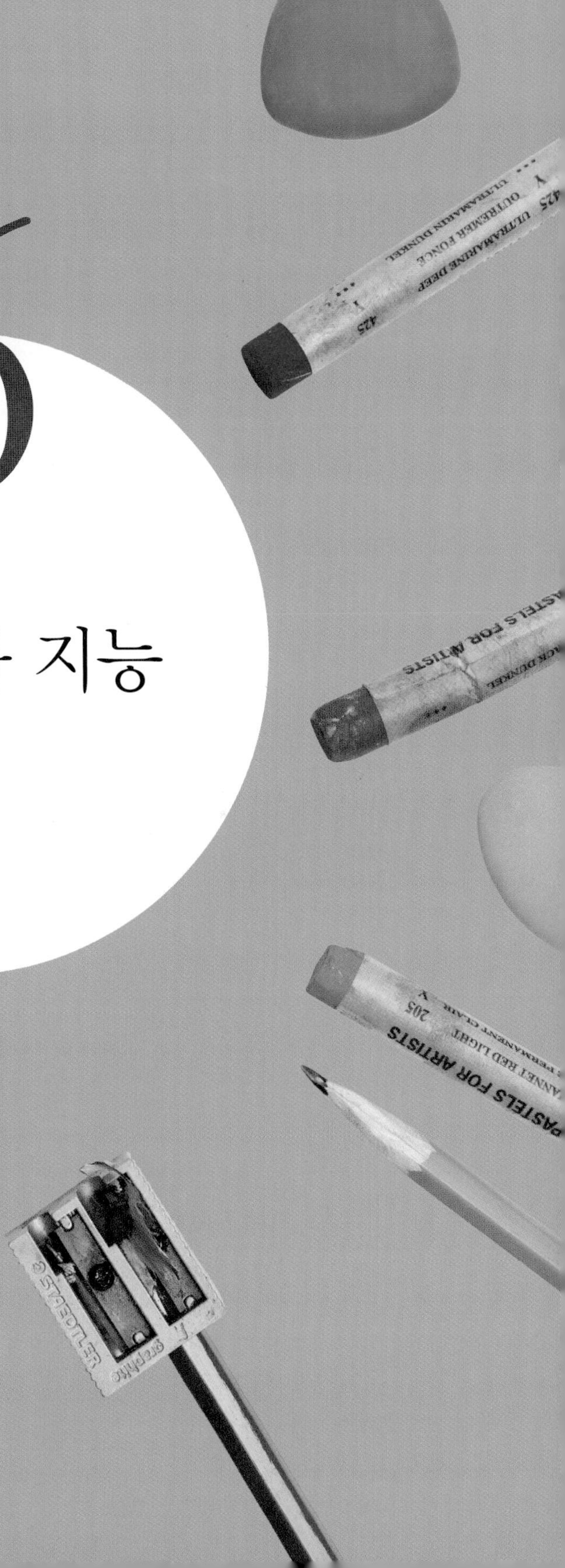

프로그램 계획서-인간친화

<table>
<tr><td>단위</td><td>인간친화</td><td>주제</td><td>소풍을 가요</td><td>대상</td><td>6, 7세</td></tr>
<tr><td>주요 지능</td><td colspan="5">인간친화 지능</td></tr>
<tr><td>학습 목표</td><td colspan="5">다양한 재료의 사용을 익히며, 응용력을 키우고 그림자의 원리와 입체 공간의 자연스러운 이해를 돕는다.</td></tr>
<tr><td>준비물</td><td colspan="5">하드보드지, 매직, 백업, 열선, 수수깡, 운동화 끈(노랑, 초록), 종이, 가위, 색연필, 물감 등</td></tr>
<tr><td rowspan="2">학습 과정</td><td colspan="2">교수-학습 활동</td><td rowspan="2">시간</td><td colspan="2" rowspan="2">유의사항</td></tr>
<tr><td>교사 활동</td><td>아동 활동</td></tr>
<tr><td>동기 유발</td><td>• 김밥 하면 생각나는 것은?
• 내가 소풍을 간다면 누구와 가면 좋을까?</td><td>김밥을 가지고 같이 가고 싶은 사람과 장소를 생각해 본다.</td><td>10분</td><td colspan="2"></td></tr>
<tr><td>학습 활동 전개</td><td>• 하드보드지를 기다란 직사각형이 되도록 미리 준비해 놓는다.
• 백업은 열선으로 미리 속을 비워 놓는다.
• 김밥을 완성 후 자를 때는 교사가 도와준다.
• 가위로 자른다.</td><td>• 8절 도화지에 돗자리를 그린 뒤 내가 같이 가고 싶은 사람의 앉아 있는 모습을 그려 준다(돗자리에 앉아 있는 모습).
• 하드보드지 윗부분-뚜껑이 되는 부분-에 배경을 그려 준다(내가 가고 싶은 곳의 배경).
• 채색한다(배경은 물감 채색).
• 그린 앉아 있는 사람의 상체까지는 가위로 잘라서 접어 입체로 만들어 준다.
• 하드보드지 박스 바닥에 붙인다.
• 붙인 뒤 가위로 오린 부분에 그림자를 채색한다.
• 잘라 주었던 백업에 수수깡 등으로 김밥 속을 넣어 준 뒤 가위로 자른다.
• 김밥을 적당한 위치에 붙인다.</td><td rowspan="2">60분</td><td colspan="2" rowspan="2"></td></tr>
<tr><td>TIP</td><td colspan="2">백업에 매직을 칠한 뒤에 손에 묻어나므로 수업 시작에 미리 칠해 놓는 것이 좋다(검정테이프를 사용해도 좋다).</td></tr>
<tr><td>평가 계획</td><td colspan="5">• 배경과 사람이 조화를 이루어 소풍의 느낌이 나도록 표현해 주었는가?
• 사람의 동세를 고려하여 표현하였는가?</td></tr>
<tr><td>다중지능</td><td colspan="5">벽과 바닥 등 각각 세부적으로 표현해 보며 입체가 되어 세워지는 과정을 통해 공간이라는 개념을 조금 더 구체적으로 이해해 본다.</td></tr>
<tr><td>관련지능</td><td colspan="5">논리-수학 지능</td></tr>
</table>

7세 남아, 엄마, 아빠 나 소풍 가요

7세 남아, 친구와 소풍 가요

프로그램 계획서-인간친화

단위	인간친화	주제	**행복한 나의 가족 혹은 나의 모습 그리기**	대상	초등 1, 2학년
주요 지능	인간친화 지능				
학습 목표	에바 알머슨의 작품 감상 후, 나 혹은 나의 가족이 행복했던 모습을 표현해 본다.				
준비물	종이, 캔버스, 크레파스, 매직 등				

학습 과정	교수-학습 활동		시간	유의사항
	교사 활동	아동 활동		
동기 유발	에바 알머슨의 작품을 준비하여 작가의 특징과 표현하고자 했던 마음을 이야기한다.	작품 감상 후 느낌을 이야기해 본다.	10분	
학습 활동 전개	• 드로잉 작업을 부담스러워하는 친구들은 나의 모습을 표현하여 간단하게 표현해도 좋다. • 에바 알머슨 특유의 색감과 이목구비를 빌려 유사하게 표현하도록 해 본다.	• 나의 가족을 표현하거나 나의 현재의 모습이나 어린 시절, 아니면 행복한 나의 미래 중 편안한 주제를 선택하여 드로잉 작업을 해 본다. • 크레파스나 매직 등으로 채색해 본다.	60분	
TIP	이목구비 표현이 단순한 편이어서 표현력이 약한 친구들도 편안하게 감상하고 표현할 수 있다.			

평가 계획	• 에바 알머슨의 느낌을 표현해 보고 내가 좋아하는 색감, 형태를 자유롭게 표현하였는가? • 나의 행복한 감정을 표현해 보도록 노력하였는가?
다중지능	나의 감정을 타인의 캐릭터를 보며 표현해 보고 다른 작가의 표현 방식을 편안하게 접근하고 이해한다. 더불어 나의 행복한 가족에 대한 마음을 표현해 보며 사람과의 관계나 감정을 표현하는 방식을 알아 가고 표현해 본다.
관련지능	자연친화 지능-내가 좋아하는 동물, 자연물을 나와 같이 연결하여 표현해 본다.

초등 3 여아, 한지를 응용한 배경 처리

초등 2 남아, 남산에 가서 남동생, 아빠, 엄마, 나

프로그램 계획서-**인간친화**

<table>
<tr><td>단위</td><td>인간친화</td><td>주제</td><td colspan="2">크리스마스 케이크 만들기</td><td>대상</td><td>초등 2, 3학년</td></tr>
<tr><td>주요 지능</td><td colspan="6">인간친화 지능</td></tr>
<tr><td>학습 목표</td><td colspan="6">내가 선물하고 싶은 사람을 생각하여 케이크를 제작해 본다.</td></tr>
<tr><td>준비물</td><td colspan="6">아이소핑크, 핸디코트, 물감, 검정 글루건 심, 다양한 공예재료, 종이, 클레이</td></tr>
<tr><td rowspan="2">학습 과정</td><td colspan="4">교수-학습 활동</td><td rowspan="2">시간</td><td rowspan="2">유의사항</td></tr>
<tr><td colspan="2">교사 활동</td><td colspan="2">아동 활동</td></tr>
<tr><td>동기 유발</td><td colspan="2">크리스마스에 느껴지는 설렘과 평소에 고마운 사람, 선물을 주고 싶은 사람에 대해 이야기해 본다.</td><td colspan="2">• 교사와 이야기 후 선물을 줄 사람을 정한다.
• 크리스마스 케이크를 어떤 방법으로 구성할지 간단하게 스케치 후 재료를 준비한다.</td><td>10분</td><td></td></tr>
<tr><td>학습 활동 전개</td><td colspan="2">핸디코트가 마르지 않는다면 드라이기를 이용하며 말린다.</td><td colspan="2">• 아이소핑크를 칼을 이용하여 원하는 모양으로 잘라 준다.
• 핸디코트를 발라 준다(원하는 맛에 따라 물감을 섞어서 핸디코트를 발라주어도 된다).
• 봉지를 이용하여 짤주머니를 만들어서 원하는 모양을 만든다.
• 검정 글루건 심을 이용하여 글씨를 만들어 준다(조각고무 자석판을 이용하여 초코릿 표현을 해 주어도 효과적이다).
• 다양한 재료를 이용하며 꾸며 준다.
• 마지막에 리본을 붙이고 박스를 만들어 넣어 준다.</td><td rowspan="2">60분</td><td rowspan="2"></td></tr>
<tr><td>TIP</td><td colspan="4">핸디코트가 금방 마르지 않기 때문에 충분히 말린 후 집에 가져가도록 한다.</td></tr>
<tr><td>평가 계획</td><td colspan="6">크리스마스 느낌을 표현하며 다양하게 케이크를 꾸며 주고 만들어 주었나?</td></tr>
<tr><td>다중지능</td><td colspan="6">크리스마스라는 특별한 날을 기념하며 고마웠던 친구들이나 사람들을 기억하면서 선물을 해 보고 소통하는 기쁨을 가져 본다.</td></tr>
<tr><td>관련지능</td><td colspan="6">자연친화 지능</td></tr>
</table>

초등 3 여아, 스노우맨과 케이크

프로그램 계획서-인간친화

<table>
<tr><td>단위</td><td>인간친화</td><td>주제</td><td>내가 조선시대로 간다면</td><td>대상</td><td>초등 저학년</td></tr>
<tr><td>주요 지능</td><td colspan="5">인간친화 지능</td></tr>
<tr><td>학습 목표</td><td colspan="5">내가 조선시대로 간다면 어떤 모습일까를 상상하며 다른 인물이 되어 본다.</td></tr>
<tr><td>준비물</td><td colspan="5">조선시대 자료, 화선지, 주름지, 붓펜, 동양화 물감, 털실, 전통무늬 포장지, 나무젓가락 등</td></tr>
<tr><td rowspan="2">학습 과정</td><td colspan="3">교수-학습 활동</td><td rowspan="2">시간</td><td rowspan="2">유의사항</td></tr>
<tr><td colspan="2">교사 활동</td><td>아동 활동</td></tr>
<tr><td>동기 유발</td><td colspan="2">• 조선시대에는 어떠한 옷을 입고 어떤 사람들이 살았을까?
• 신분에 따른 의상, 직업에 따른 의상의 차이점은 무엇일까?</td><td>내가 조선시대로 돌아간다면 어떤 사람의 모습을 경험해 보고 싶은지, 어떤 모습이 되어 보면 좋겠는지 생각해 본다.</td><td>10분</td><td></td></tr>
<tr><td>학습 활동 전개</td><td colspan="2">의상 표현이 단조롭다면 자료 사진을 준비하여 참고한다.</td><td>• 내가 표현해 주고 싶은 조선시대의 의상과 인물 사진을 준비한다.
• 연필로 화선지에 나의 얼굴과 조선시대 의상을 표현한다.
• 직업에 따라 장신구나 소품 등도 그려 준다.
• 연필 스케치가 끝난 뒤 붓펜으로 따라 그린다.
• 동양화 물감으로 채색한다.
• 화선지를 주름지나 포장지 등의 보다 더 큰 종이에 옮겨 붙인다.
• 족자의 형식이 되도록 길다란 막대를 양쪽에 붙인 뒤 털실을 연결하여 감는다.</td><td rowspan="2">60분</td><td rowspan="2">화선지는 물 조절을 하지 않으면 찢어지기 쉬우니 유의한다.</td></tr>
<tr><td>TIP</td><td colspan="3"></td></tr>
<tr><td>평가 계획</td><td colspan="5">• 조선시대의 의상과 소품 등 특징을 잘 살려 표현하였는가?
• 기다란 화선지에 인물의 비례를 잘 맞추어 표현하였는가?</td></tr>
<tr><td>다중지능</td><td colspan="5">조선시대의 인물이 되어 보며 간접적으로 다른 인물을 체험한다.</td></tr>
<tr><td>관련지능</td><td colspan="5">개인이해 지능</td></tr>
</table>

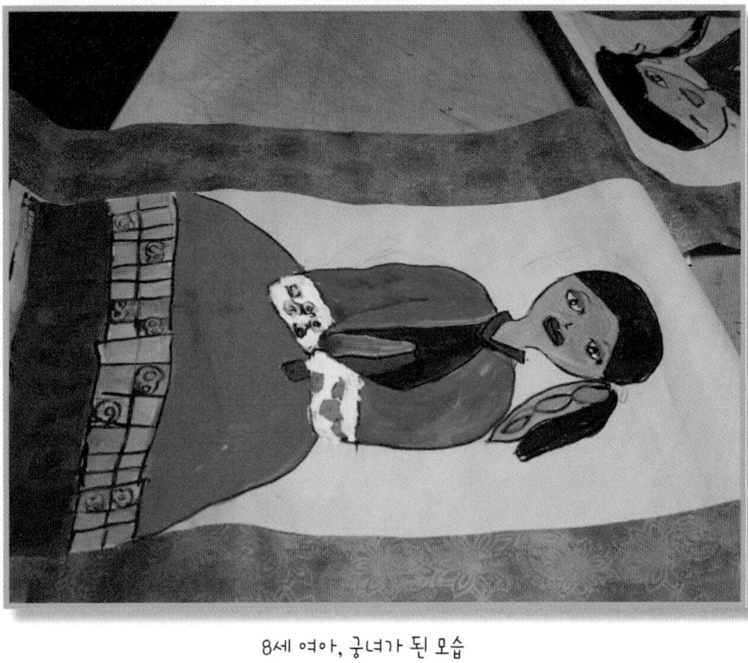

8세 여아, 궁녀가 된 모습

7

개인이해 지능

프로그램 계획서-**개인이해**

<table>
<tr><td>단위</td><td>개인이해</td><td>주제</td><td colspan="2">내가 찍고 싶은 희망 카메라</td><td>대상</td><td>초등 저학년</td></tr>
<tr><td>주요 지능</td><td colspan="6">개인이해 지능</td></tr>
<tr><td>학습 목표</td><td colspan="6">내가 원하는 것이 무엇인지 나의 감정을 담아 간접적으로 실현해 보며 만족감을 갖는다.</td></tr>
<tr><td>준비물</td><td colspan="6">하드보드지, 필름지, 마카, 단추, 스프링, 넓은 리본, 글루건, 필름지, 네임펜 등</td></tr>
<tr><td rowspan="2">학습
과정</td><td colspan="3">교수-학습 활동</td><td rowspan="2">시간</td><td colspan="2" rowspan="2">유의사항</td></tr>
<tr><td colspan="2">교사 활동</td><td>아동 활동</td></tr>
<tr><td>동기
유발</td><td colspan="2">• 카메라가 있다면?
• 그 카메라가 내가 원하는 장면을 대신 찍어 준다면?</td><td>내가 가고 싶은 곳, 보고 싶은 장면을 한 장면 한 장면 생각해 본다.</td><td>10분</td><td colspan="2"></td></tr>
<tr><td>학습
활동
전개</td><td colspan="2">돌아가는 원리가 어떤 방식인지 설명해 준다.</td><td>• 필름지를 세로로 길게 잘라 네임펜으로 칸을 나누어 필름을 표현한다.
• 각 칸에 내가 넣어 주고 싶은 장면을 네임펜으로 그린다.
• 다 그린 뒤 채색한다(카렌다쉬나 네임펜 등).
• 하드보드지에 도면을 그려 네모난 카메라를 제작한 후 렌즈 부분은 잘라 준다.
• 하드보드지를 렌즈 크기에 맞게 길게 잘라 준 뒤 칼집을 내어 동그란 원기둥 모양을 만들어 붙인다.
• 카메라 안쪽에 필름지가 들어가서 조정할 수 있도록 틀을 만들어 준다.</td><td rowspan="2">60분</td><td colspan="2" rowspan="2"></td></tr>
<tr><td>TIP</td><td colspan="3"></td></tr>
<tr><td>평가 계획</td><td colspan="6">각 장면에 주제가 돋보일 수 있도록 나의 생각을 표현하였는가?</td></tr>
<tr><td>다중지능</td><td colspan="6">개인이해 지능-나의 희망, 욕구 등을 이해하는 계기를 가진다.</td></tr>
<tr><td>관련지능</td><td colspan="6">인간친화 지능</td></tr>
</table>

초등 1 남아, 활 쏘는 전쟁 스토리

프로그램 계획서-**개인이해**

<table>
<tr><td>단위</td><td>개인이해</td><td>주제</td><td>걱정인형 만들기</td><td>대상</td><td>6, 7세</td></tr>
<tr><td>주요 지능</td><td colspan="5">개인이해 지능</td></tr>
<tr><td>학습 목표</td><td colspan="5">인형의 제작기능을 익히며 미적 감각을 높인다.</td></tr>
<tr><td>준비물</td><td colspan="5">펠트지, 각종 천, 스펀지, 눈알, 털실, 철사, 양면테이프, 지퍼, 글루건, 글루건 사용 시 장갑 등</td></tr>
<tr><td rowspan="2">학습 과정</td><td colspan="3">교수-학습 활동</td><td rowspan="2">시간</td><td rowspan="2">유의사항</td></tr>
<tr><td colspan="2">교사 활동</td><td>아동 활동</td></tr>
<tr><td>동기 유발</td><td colspan="2">걱정인형의 유래에 대해 이야기해 본다.</td><td>• 나의 걱정은 무엇일까?
• 나는 걱정이 생겼을 때 누구에게 이야기를 할까?</td><td>10분</td><td></td></tr>
<tr><td>학습 활동 전개</td><td colspan="2">• 털실을 붙일 때는 양면테이프를 사용한다.
• 지퍼를 붙일 때 교사가 도와주도록 한다.</td><td>• 스펀지를 동그랗게 말아 테이프로 고정한 뒤 인형얼굴을 만든다.
• 몸통은 스펀지를 잘라 붙이며 몸통에 철사를 잘라 다리와 팔을 글루건으로 붙여 준다.
• 다양한 천을 이용하여 내가 원하는 옷을 붙인다.
• 스펀지 얼굴에 눈알과 표정 머리카락 등을 붙인다.
• 단추나 비즈, 다양한 재료로 원하는 느낌이 되도록 꾸민다.
• 펠트지를 이용하여 지퍼를 붙여 주며 마무리한 뒤 인형과 털실로 연결해 준다.</td><td rowspan="2">60분</td><td rowspan="2"></td></tr>
<tr><td>TIP</td><td colspan="3">글루건 사용이 어려운 친구들은 목공풀이나 양면테이프를 사용한다.</td></tr>
<tr><td>평가 계획</td><td colspan="5">나의 개성을 살려 인형을 제작하였는가?</td></tr>
<tr><td>다중지능</td><td colspan="5">불안, 걱정 등 나의 감정을 이해하며 나만의 인형에 이야기하며 부정적인 마음을 해소해 본다.</td></tr>
<tr><td>관련지능</td><td colspan="5">언어 지능, 인간친화 지능</td></tr>
</table>

7세 여아 작품

6세 여아 작품

프로그램 계획서-개인이해

<table>
<tr><td>단위</td><td>개인이해</td><td>주제</td><td>오감직조 자화상</td><td>대상</td><td>7, 8세</td></tr>
<tr><td>주요 지능</td><td colspan="5">개인이해 지능</td></tr>
<tr><td>학습 목표</td><td colspan="5">직조라는 개념에 대해 이해하고, 오감이라는 다섯 가지 감각에 대한 개념도 이해한다.</td></tr>
<tr><td>준비물</td><td colspan="5">4절이나 3절 도화지, 카렌다쉬, 매직, 다양한 색상지, 칼, 자, 거울</td></tr>
</table>

<table>
<tr><td rowspan="2">학습 과정</td><td colspan="2">교수-학습 활동</td><td rowspan="2">시간</td><td rowspan="2">유의사항</td></tr>
<tr><td>교사 활동</td><td>아동 활동</td></tr>
<tr><td>동기 유발</td><td>• 직조가 무엇일까?
• 오감-내가 보는 것, 맛보는 것, 듣는 것 등-에 대한 감각을 이야기해 본다.</td><td>내가 좋아하는 맛은? 소리는? 내가 좋아하는 모습은? 냄새는? 등 다양하게 생각해 본다.</td><td>10분</td><td>• 종이 끼우기
• 종이에 손을 베지 않도록 주의할 것</td></tr>
<tr><td>학습 활동 전개</td><td>교사는 직조 작업 끼우는 종이를 미리 잘라 준비해 준다.</td><td>• 내가 좋아하는 색상지를 고른다.
• 자를 이용하여 적당한 간격을 표시한다.
• 표시해 준 간격에 종이를 끼울 수 있도록 칼집을 내 준다(교사가 칼 사용).
• 준비해 놓은 다양한 종이 직조 방법을 생각하여 끼워 준다.
• 나의 얼굴을 도화지에 크게 그려 준다(눈, 코, 입을 종이 직조가 움직이는 부분에 그려 준다).
• 눈, 코, 입, 귀까지 자세히 그린 뒤 채색한다.
• 눈, 코, 입 부분 각각의 종이를 움직여 옆 칸에 내가 좋아하는 시각적 모습, 내가 좋아하는 냄새, 좋아하는 맛 등을 그림으로 그려 각 네모 칸에 넣어 준다.
• 간단하게 채색한다.
• 종이 직조를 움직여 보며 얼굴이 완성되도록 맞추어 보기도 하고 종이를 움직여 다른 오감 그림이 나오도록 해 보기도 하며 감상한다.</td><td rowspan="2">60분</td><td rowspan="2">더러 직조의 원리를 어려워하는 친구들이 있으나, 당황하지 않고 차분히 해결할 수 있도록 교사의 도움이 필요한 경우가 있다.</td></tr>
<tr><td>TIP</td><td>시간이 오래 걸릴 수 있으니 눈, 코, 입을 그리며 고민하는 친구들은 나의 얼굴 특징을 위주로 표현하도록 한다.</td><td></td></tr>
<tr><td>평가 계획</td><td colspan="4">• 직조에 대한 이해를 하였는가?
• 오감이라는 감각에 대해 이해하고 나의 감각에 대해서도 표현하였는가?</td></tr>
<tr><td>다중지능</td><td colspan="4">내가 평소에 느끼는 감각, 감정과는 또다른 나의 감각과 감정을 자연스럽게 표현하고 이해한다.</td></tr>
<tr><td>관련지능</td><td colspan="4">논리-수학 지능</td></tr>
</table>

7세 여아 작품

8세 남아 작품

프로그램 계획서-**개인이해**

<table>
<tr><td>단위</td><td>개인이해</td><td>주제</td><td colspan="2">데이비드 호크니처럼</td><td>대상</td><td>초등 1~3학년</td></tr>
<tr><td>주요 지능</td><td colspan="6">개인이해 지능</td></tr>
<tr><td>학습 목표</td><td colspan="6">데이비드 호크니가 보여 주는 특별한 얼굴과 표정의 느낌을 이해하고 재현해 본다.</td></tr>
<tr><td>준비물</td><td colspan="6">나의 사진, 가위, 풀, 소포지나 종이 입체 박스</td></tr>
<tr><td rowspan="2">학습 과정</td><td colspan="3">교수-학습 활동</td><td rowspan="2">시간</td><td colspan="2" rowspan="2">유의사항</td></tr>
<tr><td colspan="2">교사 활동</td><td>아동 활동</td></tr>
<tr><td>동기 유발</td><td colspan="2">데이비드 호크니라는 작가의 작품 사진을 보며 이야기해 본다.</td><td>생소한 영역이지만 자유롭게 느낌을 이야기하며 나의 얼굴은 어떤 식으로 편집할지 이야기해 본다.</td><td>10분</td><td colspan="2">사진을 가위질하는 시간이 꽤 걸리므로 사진을 미리 잘라서 준비해도 좋다.</td></tr>
<tr><td>학습 활동 전개</td><td colspan="2">• 나의 사진을 다양한 각도와 표정으로 찍는다.
• 서로 도와서 찍거나, 1인 수업은 교사가 찍어서 준비해 둔다.</td><td>• 준비된 사진을 오려서 나열해 본다(다양한 각도별로).
• 정면을 중심으로 풀로 붙이기 전에 먼저 조합을 해 본다.
• 입체 종이 박스를 간단하게 만든다(얼굴 사진을 박스의 각 위치에 맞게 붙여 본다).</td><td rowspan="2">60분</td><td colspan="2" rowspan="2">다른 면으로 넘어갈 때 그림방향이 바뀌지 않도록 유의한다.</td></tr>
<tr><td>TIP</td><td colspan="3"></td></tr>
<tr><td>평가 계획</td><td colspan="6">편집의 원리를 이용하여 얼굴 표정을 다양하게 조합해 보았는가?</td></tr>
<tr><td>다중지능</td><td colspan="6">나의 얼굴과 표정 등을 조합하고 표현하며 나도 몰랐던 나의 얼굴, 표정을 관찰한다.</td></tr>
<tr><td>관련지능</td><td colspan="6">공간 지능, 논리-수학 지능</td></tr>
</table>

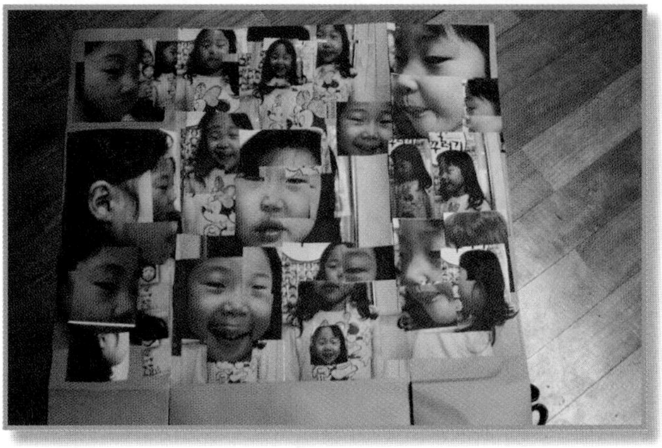

초2 여아 작품

GELBER OCKER

8

자연친화 기능

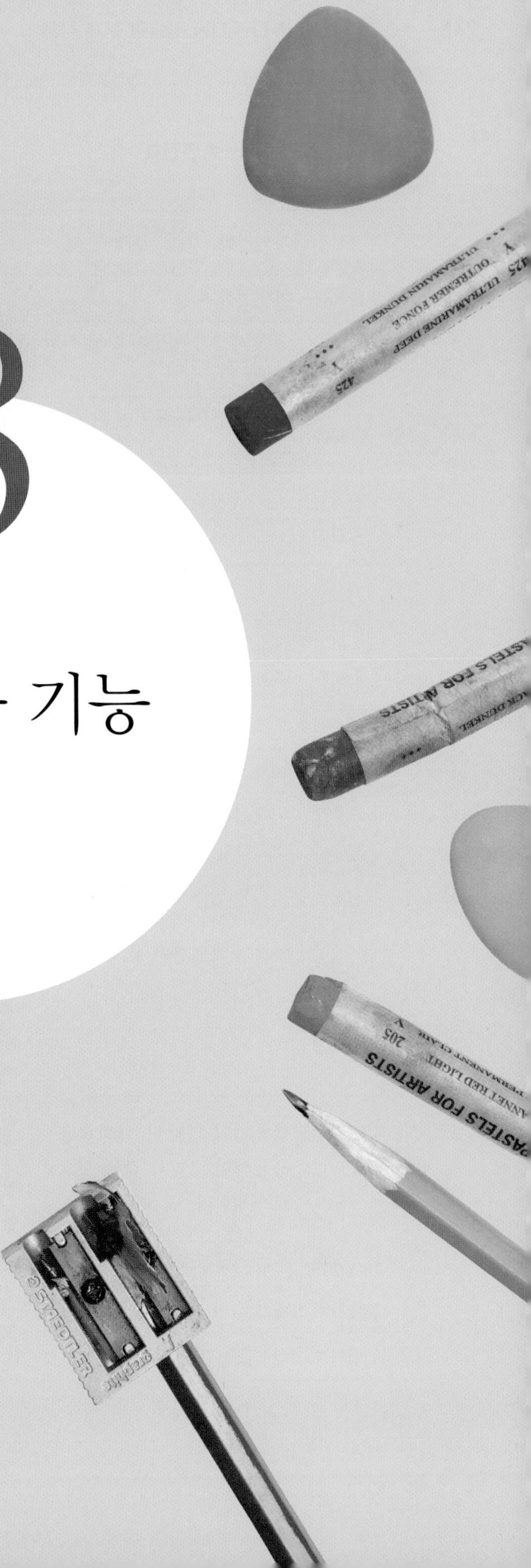

425 ULTRAMARINE DEEP
OUTREMER FONCE
ULTRAMARIN DUNKEL
PASTELS FOR ARTISTS
PASTELS FOR ARTISTS
205

프로그램 계획서-**자연친화**

단위	자연친화	주제	**물속 세상**	대상	5~7세
주요 지능	자연친화 지능				
학습 목표	물속 세상을 평면이 아닌 직접 물을 움직이며 손으로 느끼는 사실적인 표현으로 흥미를 갖게 된다.				
준비물	지퍼팩과 같은 두꺼운 비닐 봉투, 비닐 열 접착기, 도화지, 색연필, 누명 시트지, 가위, 반짝이 가루, 구슬, 물고기 사진 자료 등				

학습 과정	교수-학습 활동		시간	유의사항
	교사 활동	아동 활동		
동기 유발	물속 세상에는 어떤 동식물들이 살고 있을까?	• 내가 그리는 동물들이 물속에서 움직이는 모습대로 실제로 움직여 보면 어떨까? • 이야기해 보고 설명을 듣는다.	10분	
학습 활동 전개	• 작업량이 많은 편이므로 교사와 학생이 해야 할 역할을 잘 분배한다. • 친구들이 자신의 그림을 오리는 작업까지 할 수 있도록 한다.	• 도화지에 내가 그려 주고 싶은 물고기, 바닷속 생물들을 그려 주어 채색한다. • 물속에 넣어도 젖지 않도록 투명시트지로 감싸 준 뒤 오려 준다. • 비닐에 물을 넣고 오려 준 동식물들을 넣어 준다. 이때에 반짝이나 구슬 등을 넣어 주며 시각적인 즐거움도 갖도록 한다. • 넣어 준 뒤 비닐로 다양하게 접착하며 다양한 넓이를 만들어 준다.	60분	비닐에 물이 새는 경우가 많기 때문에 유의한다.
TIP	접착기가 없다면 지퍼팩을 사용하여 고리와 같은 것으로 연결한다.	• 손으로 세게 누르면 비닐이 약해서 금방 터진다. • 한 번 더 투명비닐에 넣어서 보관한다.		

평가 계획	물속 생물들의 다양한 표현과 물속 느낌을 표현하려 했는가?
다중지능	내가 그린 물속 동물들의 움직임을 느껴 본다.
관련지능	신체운동 지능

6세 여아 작품

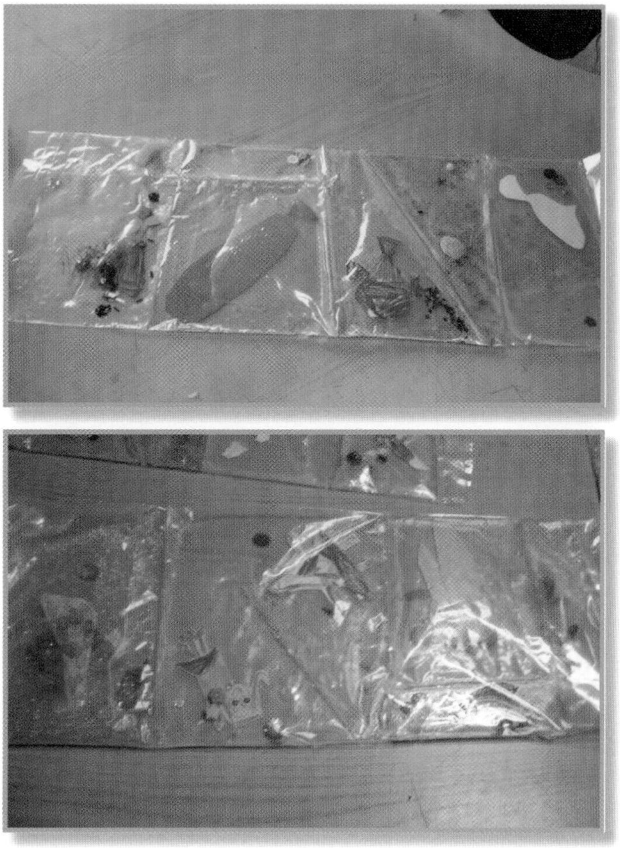

5세 남아, 다양한 물고기

프로그램 계획서-자연친화

단위	자연친화	주제	움직이는 초충도 제작하기	대상	7, 8세
주요 지능	자연친화 지능				
학습 목표	• 우리가 알고 있는 초충도에 대해 알아보고, 그속에 표현되어 있는 자연물과 동식물 등을 알아본다. • 평면 그림을 입체감을 주어 재구성해 본다.				
준비물	하드보드지, 글루건, 소포지, 커피가루, 붓펜, 수채화 물감, 아이스바 혹은 빨대 나무젓가락, 필름지 등				

학습 과정	교수-학습 활동		시간	유의사항
	교사 활동	아동 활동		
동기 유발	초충도 자료 사진을 준비하여 탐색한다.	초충도의 동물과 식물 등을 탐색하며 어떠한 동식물들이 그려져 있는지 이야기해 본다.	10분	하드보드지는 입체 작업이 용이할 수 있도록 교사가 밑 작업을 미리 해 두는 것이 좋다.
학습 활동 전개	• 초충도에서 움직임이 있는 동물들에 대해 이야기해 본다. • 실제로 그림이 움직인다면 어떤 느낌일지에 대해 이야기해 본다.	• 조충도를 소포지에 연필로 스케치해 본다. • 움직임이 있는 동물들(예: 들쥐, 나비)은 따로 다른 종이에 그려서 채색 후 오린다. • 빨대나 막대로 오려 낸 동물들은 글루건으로 붙여 준다. • 물감으로 스케치한 그림을 채색 후에 그림을 입체가 되도록 글루건으로 붙인다(테이프도 가능). • 막대에 붙인 동물들을 입체 박스 안에 끼운다. • 마지막으로 커피가루를 이용하여 번짐 효과를 내 준다. • 필름지를 화면에 붙여서 액자식 표현을 극대화한다. • 그림 속에 동물을 움직여 보며 상황극을 하거나 그림을 감상해 본다.	60분	
TIP	커피가루는 마지막에 뿌린 뒤 붓을 이용하여 물을 발라 준다(동양화 기법 참고).			
평가 계획	초충도의 특징, 동식물의 사실적 표현을 해 보려고 노력하였는가?			
다중지능	• 공간 지능-한국화 특유의 자연에 대한 표현과 공간 여백의 미를 연결하여 고민하며 표현해 본다. • 평면화를 반입체화하여 생동감을 연출해 보며, 동식물 자연물의 아름다움을 느껴 본다.			
관련지능	공간 지능			

벌과 나비가 움직이도록 연출

프로그램 계획서-자연친화

<table>
<tr><td>단위</td><td>자연친화</td><td>주제</td><td colspan="2">전통 장신구 만들기</td><td>대상</td><td>초등 전학년</td></tr>
<tr><td>주요 지능</td><td colspan="6">자연친화 지능</td></tr>
<tr><td>학습 목표</td><td colspan="6">우리나라 전통 장신구를 알아보고 만들어 보며 전통의 아름다움을 알아 간다.</td></tr>
<tr><td>준비물</td><td colspan="6">지점토, 물감, 니스, 반짝이 물감(뻬베오 반짝이 물감), 철사, 구슬, 판</td></tr>
<tr><td rowspan="2">학습 과정</td><td colspan="4">교수-학습 활동</td><td rowspan="2">시간</td><td rowspan="2">유의사항</td></tr>
<tr><td colspan="2">교사 활동</td><td colspan="2">아동 활동</td></tr>
<tr><td>동기 유발</td><td colspan="2">우리나라 전통 장신구 사진을 감상하며 이야기해 본다(전통 장신구의 특징과 현대 액세서리의 차이를 이야기해 준다).</td><td colspan="2">교사와 사진 자료를 보며 다양한 장신구의 쓰임과 아름다움을 감상하며 특징을 이야기해 본다.</td><td>10분</td><td></td></tr>
<tr><td>학습 활동 전개</td><td colspan="2">나비나 거북이 등 동물의 문양을 간단히 점토로 만들어 본 후, 반짝이 물감으로 패턴을 해 주면 더욱더 장신구 재연에 효과적이다.</td><td colspan="2">• 지점토를 원하는 모양으로 간단하게 만들어 약간의 두께가 있도록 눌러 준다.
• 미리 철사를 끼워 목걸이, 뒷핀, 반지, 비녀 등 기능을 다르게 만든다(이때 구슬을 끼워 준다).
• 지점토에 볼펜이나 연필 등을 이용하여 패턴을 눌러 준다.
• 눌러서 패인 부분에 반짝이 물감을 이용하여 패턴을 다양하고 창의적으로 만들어 본다.
• 마른 뒤에 니스를 바른다.
• 원하는 판에 붙여서 잘 보일 수 있도록 디스플레이해 준다.</td><td rowspan="2">60분</td><td rowspan="2"></td></tr>
<tr><td>TIP</td><td colspan="2"></td><td colspan="2"></td></tr>
<tr><td>평가 계획</td><td colspan="6">물감을 이용하여 만드는 패턴 작업 시, 다양하게 문양을 제작하려 하였는가?</td></tr>
<tr><td>다중지능</td><td colspan="6">자연친화 지능-자연의 색감과 자연을 사랑한 선조들의 장신구 문화를 이해하며 아름다움을 표현해 본다.</td></tr>
<tr><td>관련지능</td><td colspan="6">인간친화 지능</td></tr>
</table>

초등 3 남아 작품

초등 5 남아,
시원한 느낌을 살린 여름철 장신구 디자인

부록 1

아동 매체 조형

1. 화장솜 모자이크
2. 목장갑 변신
3. 석고, 각설탕 이글루
4. 전구에 그리기
5. 커피콩 모자이크
6. 우드락
7. 오아시스 조각
8. 다시마, 미역
9. 식빵
10. 헤어롤
11. 주방용품
12. 스펀지

1. 화장솜 모자이크

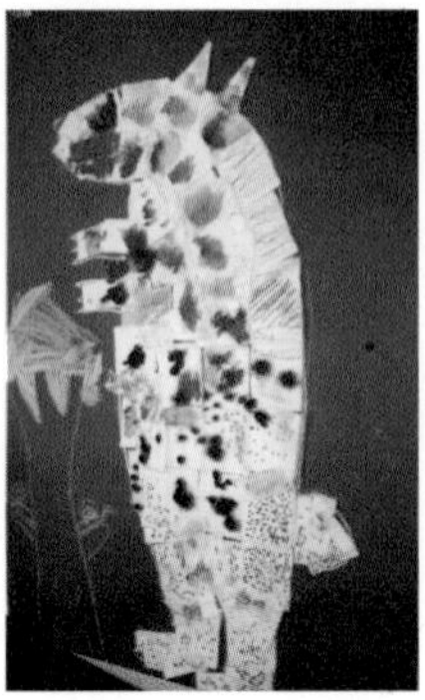

공룡, 6세 남아

2. 목장갑 변신

토끼, 6세

곰돌이, 6세

3. 석고, 각설탕 이글루

석고 이글루, 7세 여아

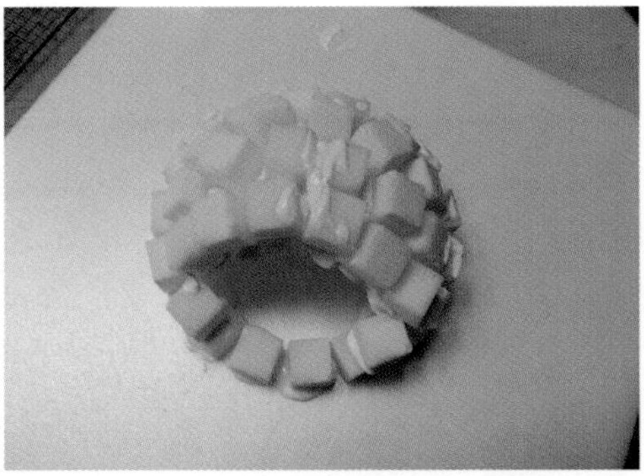

각설탕 이글루, 7세

4. 전구에 그리기

전구 마트료시카, 초등 1

5. 커피콩 모자이크

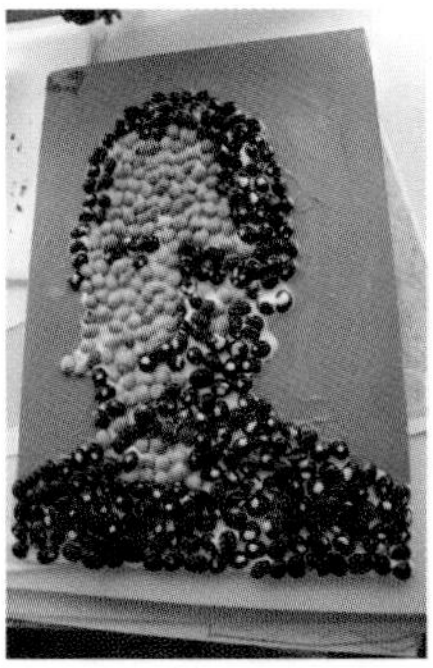

스티브 잡스, 초등 4

고양이, 7세

6. 우드락

우주선 로켓, 6세 남아

7. 오아시스 조각

8. 다시마, 미역

집과 마을, 7세 남아

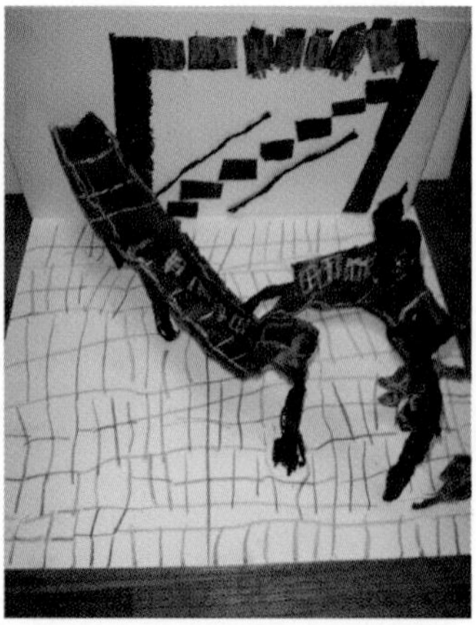

계단, 7세 남아

9. 식빵

빵으로 만든 집, 7세

10. 헤어롤

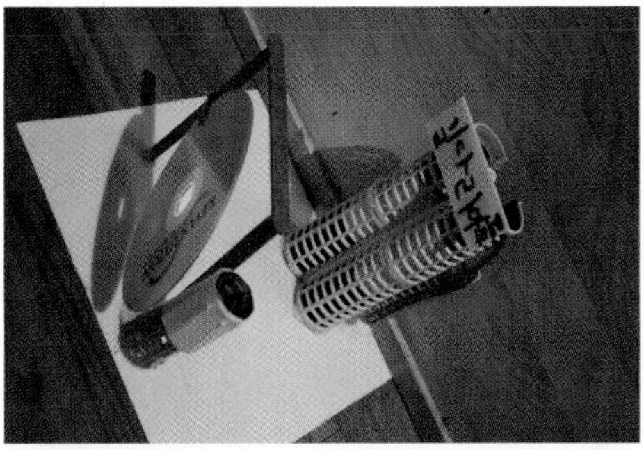

엘리베이터가 있는 아파트, 7세 남아

11. 주방용품

수저, 나이프, 포크 세트 디자인, 7세

치마 입은 소녀, 6세

나팔, 6세

12. 스펀지

케이크, 6세

부록 2

돌멩이 조형

1. 돌멩이의 종류와 특성

1) 퇴적암

지표 외부에서 일어나는 풍화작용으로 생성된 암석이다.

(1) 이암

진흙이 퇴적되어 만들어진 암석으로 다른 암석에 비해 부드럽고 잘 부서진다.

(2) 사암

모래가 퇴적되어 만들어진 암석으로 표면이 울퉁불퉁하고 까칠까칠하며 이암보다 단단하다.

(3) 역암

자갈, 모래, 탄산칼륨 등이 퇴적되어 만들어진 암석으로 울퉁불퉁하고 자갈이 드러나 있다. 대체로 촉감이 거칠지만 자갈 부분은 매끄럽고 단단하다.

(4) 석회암

탄산칼륨이 주성분인 암석으로 치밀하고 단단하다.

2) 화성암

마그마가 굳어서 생성된 암석이다.

(1) 현무암

용암이 굳어서 만들어진 암석으로 색깔이 어둡고 표면에 크고 작은 구멍이 있으며 거칠거칠하다.

(2) 화강암

마그마가 굳어서 만들어진 암석으로 표면이 거칠거칠하며 반짝이는 알갱이가 있다.

(3) 흑요암

규산이 풍부한 유리질의 암석으로 특유의 검은 빛과 광택을 지니고 있다. 이 암석을 깨면 예리한 절단면을 가지고 있기 때문에 석기시대에 무기로 사용되었다.[1]

3) 변성암

지질학적인 힘의 작용에 수반하여 새로운 환경에 적응된 암석이다.

(1) 규암

이암이 오랜 시간 동안 엄청난 열과 압력을 받아서 만들어진 암석으로 담색을 띠며 단단하며 알갱이가 고르다.

1) http://www.science.go.kr/center/kor/school/m1/subpage/imgpage/img_jigu01.htm

(2) 대리암

석회암이 오랜 시간 동안 엄청난 열과 압력을 받아서 만들어진 암석으로 색과 무늬가 아름다워 장식용으로 많이 쓰인다.

(3) 편마암

화강암이 오랜 시간 동안 엄청난 열과 압력을 받아서 만들어진 암석으로 표면에 줄무늬를 띄고 있다.

2. 돌멩이 조형의 실제

1) 돌멩이로 연상하기

(1) 동물 나라

준비물: 돌멩이, 얇은 네임펜, 아크릴 물감, 붓, 팔레트, 도안북

① 돌멩이 모양의 특징을 찾아 동물을 연상한다.

② 돌멩이의 형태에 맞게 네임펜을 이용해 밑그림을 그린다.

③ 아크릴 물감을 이용해 알맞게 채색한다.

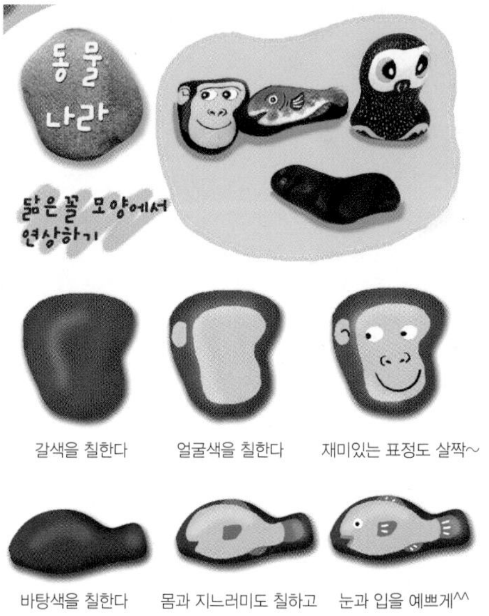

원숭이, 물고기, 부엉이, 뱀

바닷속 동물들

여러 동물

펭귄, 돼지, 코끼리, 악어, 곰, 개구리

육지와 바다 생물

어미닭과 병아리의 사랑

물고기 가족

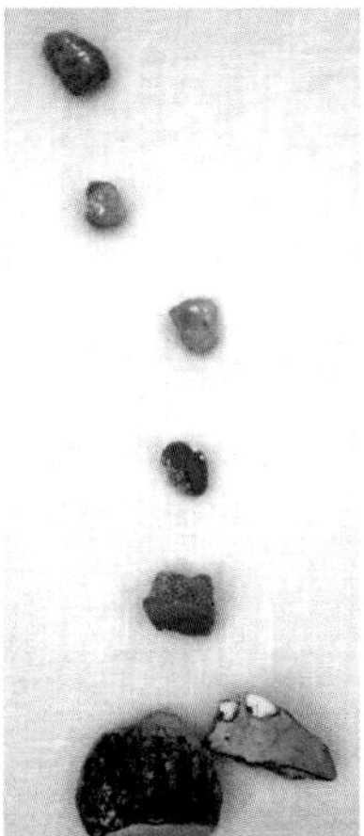

올챙이의 성장

바닷속 친구들

개미의 여행

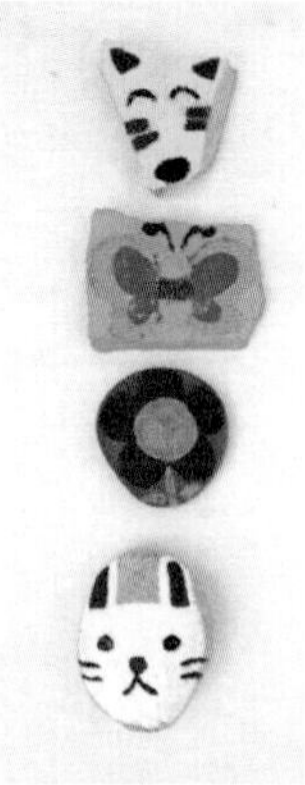

토끼와 여우

도마뱀

2) 공룡 나라

공룡시대

3) 야채 나라

토마토, 당근, 완두콩, 감자

고추, 배추, 파

4) 캐릭터 나라

동물원 나들이

나의 하루

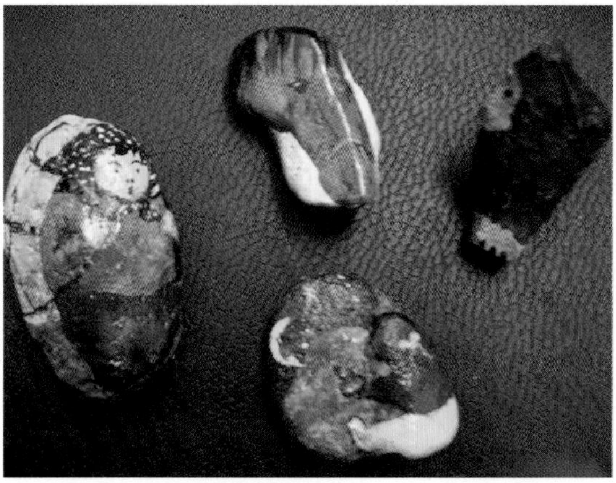

사람과 동물

탈것

자동차, 배, 집

5) 간식 나라

피자와 도넛

초콜릿

6) 무늬 나라

돌멩이 디자인

여러 가지 무늬

3. 돌멩이로 구성하기

1) 마을 만들기

2) 바닷속 이야기

3) 액자 만들기

4) 어항 만들기

5) 한국의 탈

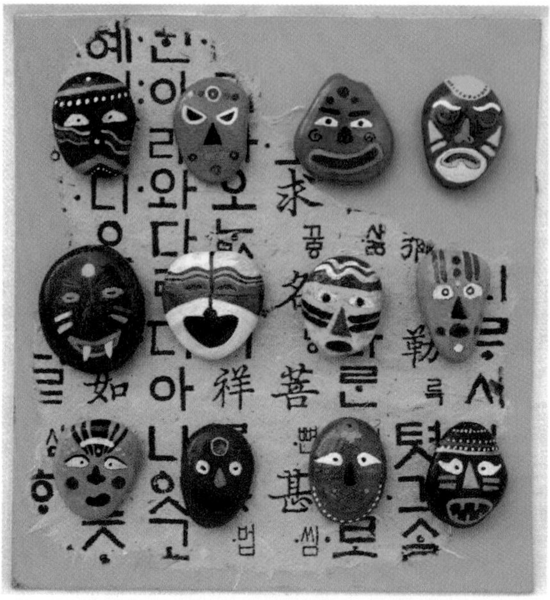

6) 들꽃 이야기

7) 키보드

4. 이야기가 있는 돌멩이 표현하기

1) 어린 왕자 이야기

준비물: 『어린 왕자』 동화책, 돌멩이, 얇은 네임펜, 아크릴 물감, 세필붓, 팔레트

① 『어린 왕자』 이야기를 들려준다.

② 각 돌멩이의 특징에 맞게 이야기 속 장면을 생각하며 스케치한다.

③ 채색한다.

③ 이야기에 맞게 돌멩이를 배치시킨 후 스토리를 연결해 본다.

어린 왕자

2) 돌멩이로 이야기 만들기

준비물: 돌멩이, 얇은 네임펜, 아크릴 물감, 세필붓, 팔레트

① 각각의 돌멩이를 탐색한다.
② 각 돌멩이의 특징에 맞게 밑그림을 그린다.
③ 채색한다.
④ 표현한 돌멩이를 이용해 이야기를 만들어 본다.

바다 이야기

별자리 이야기

5. 동물 표피 무늬 속 돌멩이

준비물: 돌멩이, 동물 사진 자료, 얇은 네임펜, 아크릴 물감, 세필붓, 팔레트

① 동물 사진을 감상한다.

② 동물 표피 무늬의 특징을 이해하고 돌멩이에 스케치한다.

③ 사진 속 동물의 표피 무늬 색과 비교하며 채색한다.

④ 채색한 돌멩이를 사진의 적당한 곳에 배치시킨다.

⑤ 멀리서 감상하며 돌멩이를 찾아본다.

사슴

기린

호랑이

뱀

6. 태어나서 죽기까지

참고 문헌

가성현(2004). Photo Etching 기법을 이용한 자연이미지 표현연구: 본인 작품을 중심으로. 목원대학교 대학원 석사/박사학위논문.

강소정(2008). 오브제를 이용한 고등학교 미술수업 방안연구. 관동대학교 대학원 석사학위논문.

강연희(2010). 과학적 원리를 적용한 다중지능 미술프로그램 개발연구. 한서대학교 예술대학원 석사학위논문.

강인산(2008). 초등 미술 교과서 내용 변천 및 교과서 구성 방안에 대한 연구: 디자인 영역을 중심으로. 경인교육대학교 대학원 석사학위논문.

강형수(2003). 공상적 실재의 표현으로서 펜화연구. 중앙대학교 대학원 석사학위논문.

고경화(2003). **예술교육의 역사와 이론**. 서울: 학지사.

고난향(2002). 초등 미술 판화교육에 관한 연구. 제주대학교 대학원 석사학위논문.

고영희, 조주연 공역(1995). **수업기술(II)**. 서울: 교육과학사.

고정곤, 최태식(2004). **유아교육기관 교사를 위한 교육과정 및 교육평가**. 경기: 양서원.

고후순, 김동일, 조옥희(2005). **유아교육사상사**. 경기: 양서원.

곽노의(2005). **프뢰벨**. 경기: 양서원.

곽노의, 이명환 공역(2001). **몬테소리 교육학과 발도르프 교육학**. 서울: 밝은누리.

교육부(1992). **유치원 교육과정**.

권경패(2013). 다중지능이론을 활용한 유아미술 프로그램 연구: 4-5세 중심으로. 수원대학교 대학원 석사학위논문.

권상구(1999). 유아미술교육의 실제. 서울: 미진사.

김경미(2009). 사진이미지를 활용한 전문계 고등학교 시각디자인 수업 지도 방안. 한국교원대학교 대학원 석사학위논문.

김경철(2006). 중학교 미술교과서의 회화표현기법 연구. 제주대학교 대학원 석사학위논문.

김남수(2010). 조선시대 목칠 공예품에 나타난 동물 문양의 상징성과 미적가치 연구. 대구대학교 대학원 박사학위논문.

김도희(2006). 한국화 교육의 효과적인 지도방안. 숙명여자대학교 대학원 석사학위논문.

김란영(2005). 아동미술 지도를 위한 재료별 표현 기법에 관한 연구: 초등교육에 있어서 평면 표현을 중심으로. 대구가톨릭대학교 대학원 석사학위논문.

김명산, 송낙웅(2002). 캐릭터 디자인의 산업적 특성과 교육의 중요성. 디지털디자인학 연구, 3권, pp. 21-34.

김명희, 이경희 공역(1998). 다중지능의 이론과 실제. 서울: 양서원.

김미주(2009). 중학교 미술에서 콜라그래피 기법을 활용한 판화제작 사례. 전남대학교 대학원 석사학위논문.

김서영(2005). 새로운 판화 기법의 연구. 경기대학교 대학원 석사학위논문.

김선화(2013). 20세기 이후 조각에 나타난 오브제의 활용 연구: 오브제 미술과 본인 작품과의 연관성을 중심으로. 서울시립대학교 대학원 석사학위논문.

김성혜, 김춘일(2005). 유아교육사. 경기: 교육과학사.

김소현(2009). 중학교 미술교과서의 한국화 영역 분석. 경기대학교 대학원 석사학위논문.

김승윤 역(2002). 예술과 과학. 서울: 을유문화사.

김연미(2008). 초등학생의 창의성 발달을 위한 효과적인 미술감상법에 대한 연구. 조선대학교 대학원 석사학위논문.

김영옥, 박혜경, 양옥승, 이기숙, 이영자, 이원영, 이윤경, 장영희, 정미라, 주영희(1995). 한국 현대유아교육사. 서울: 양서원.

김영준(2016). 나전칠기 기법을 응요한 소품 디자인 연구. 서울과학기술대학교 대학원 석사학위논문.

김옥재(2013). 인쇄매체 광고의 일러스트레이션에서 동양화 용묵법(用墨法) 활용에 따른 기호학적 접근의 실증 연구. 대진대학교 대학원 석사학위논문.

김용신, 김남규(2007). 2007개정 초등학교 교육과정해설. 경기: 교육과학사.

김원(2003). 메조틴트를 중심으로 한 동판화 기법 연구. 조선대학교 대학원 석사학위논문.

김유진(2008). 그래함 월러스의 창의적 사고과정을 이용한 색채 교육에 관한 연구: 중등학교 실내디자인 교육과정 중 공간색채 부분을 중심으로. 국민대학교 대학원 석사학위논문.
김윤경(2010). 한국화 활용의 실용성 연구: 예술고 학생을 중심으로. 숙명여자대학교 대학원 석사학위논문.
김재만(1980). **듀이의 철학**. 서울: 배영사.
김정오 역(1989). **시각적사고**. 서울: 평민사.
김정환 역(1977). 페스탈로치 사회교육론연구. **성곡논총, 8집.**
김정희(1985). 인지능력과 묘화 활동의 상관성에 관한 연구. 이화여자대학교 대학원 석사학위논문.
김정희(1998). **미술교육입문**. 경기: 형설출판사.
김정희, 안금희(2001). **미술과 수행평가**. 서울: 학문출판.
김종덕(2013). 프란시스코 고야의 카프리쵸스에 관한 연구. 수원대학교 대학원 석사학위논문.
김종신(2004). 초등학교 미술의 표현 기법 연구. 공주대학교 대학원 석사학위논문.
김지은(2010). 다중지능이론에 기초한 초등미술 통합교육 지도법 연구: 공간지능과 타 지능과의 통합을 중심으로. 한양대학교 대학원 석사학위논문.
김춘일 역(1980). **미술과 시지각**. 서울: 미진사.
김태연(2012). 동양화 필법을 활용한 패션조형 연구: 갈필법, 몰골법을 중심으로. 홍익대학교 대학원 석사학위논문.
김현준(2013). 특성화고등학교 제품디자인 교육내용에 관한 연구. 경희대학교 대학원 석사학위논문.
김혜리(2010).중등 색채디자인 교육과정 연구: 실생활 적용을 중심으로. 원광대학교 대학원 석사학위논문.
김호경 역(2000). **클릭 서양미술사**. 서울: 예경.
나정주(2003). 스테인드 글라스 기법을 이용한 미술수업 지도방안 연구. 국민대학교 대학원 석사학위논문.
대학교육교재 편찬회(1982). **최신교육사**. 서울: 재동문화사.
동중우(2002). **영상에 보내는 오마주**. 서울: 바움.
로웬펠드, 브리테인(1993). **인간을 위한 미술교육**. 경기: 미진사.
류재만(2004). **초등미술과 교수법**. 경기: 교육과학사.
민춘일(2010). 고등학교 '비디오 아트' 감상 지도 방안 연구. 상명대학교 대학원 석사학위논문.
박수진(2010). 중학교 미술교육과정에서 한국화 표현기법을 통한 창의성 계발에 대한 연구. 원광대학교 대학원 석사학위논문.
박원경(2006). 사군자를 응용한 장신구 디자인 연구. 국민대학교 대학원 석사학위논문.

박원규(2006). 매체미술에서 '라이트 아트 Light Art'에 관한 연구: 1970년대 이후 Light Art와 연구 작품을 중심으로. 청주대학교 대학원 석사학위논문.

박은덕(1997). 은덕이의 아동화 이야기. 서울: 양서원.

박은덕(1999). 아동의 사람 그림에 나타난 연령별, 성별 차이. 조형교육, 15, 237-247.

박인혜(2005). 가드너의 다중지능이론을 활용한 중학교 통합미술 교육방안 연구. 숙명여자대학교 교육대학원 석사학위논문.

박정애 역(1996). 미술교육의 역사. 서울: 예경.

박정애(2001). 포스트모던 미술, 미술교육. 서울: 시공사.

박지연(2007). 아동미술활동 증진을 위한 다양한 재료기법 연구: 6~9세 중심으로. 조선대학교 대학원 석사학위논문.

박진호(2012). 입체표현 수업의 개선방안 연구: 중등학교를 중심으로. 동아대학교 대학원 석사학위논문.

백순근(1995). 교수 · 학습 평가를 위한 새로운 대안: 수행평가를 중심으로. 초등교육 연구 6, 3-20. 충북: 청주교육대학교 초등교육연구소.

백순근(1999). Vygotsky의 ZPD 이론이 향상도 평가에 주는 시사. 교육평가연구, 12(1), 191-215.

백순근(2000). 수행평가의 원리. 서울: 교육과학사.

백중열(2005). 전뇌계발을 위한 영재미술교육. 경기: 양서원.

백중열(2006). 아동미술교육의 이해. 경기: 공동체.

백중열(2013). 유아미술교육 이론과 실제. 경기: 공동체.

백중열, 오현숙(2006). 교사를 위한 아동미술교육의 이해. 경기: 공동체.

서울교육대학교 미술교육연수회 역(1995). 새로운 눈으로 보는 미술교육. 서울: 예경.

서울대미술교육연구회 역(1992). 아동미술교육의 실제. 서울: 미진사.

서유헌(2000). 잠자는 뇌를 깨워라. 서울: 평단문화사.

성다솜(2017). 한국의 현대 칠보 공예 연구: 1960~1980년대를 중심으로. 서울대학교 대학원 석사학위논문.

손화연(2009). 고등학교 미술교과에서 오브제를 활용한 콜라그래프 수업 방안 연구. 경북대학교 대학원 석사학위논문.

송대섭, 하임성(2008). 확장된 판화양식으로서의 미디어 특성 연구. 서울: 한국기초조형학회.

안인희(1990). 루소의 교육론. 서울: 양서원.

양승희, 권세경, 황혜경(2002). 영 · 유아 관찰 및 평가. 서울: 상조사.

염혜지(2007). 수묵의 회화적 조형성을 활용한 그래픽디자인 연구: 포스터 매체를 중심으로. 성균관대학교 대학원 석사학위논문.
오현숙(2000). 신나는 어린이 미술 표현교실. 서울: 예경.
윤지영(2008). 초등미술교육에서 아크릴화 지도방안 연구. 서울교육대학교 대학원 석사학위논문.
이규선, 김동연, 류재만, 전성수, 최윤재, 권준범(2000). 미술교육학. 경기: 교육과학사.
이근홍(1973). 창조성 개발교육. 서울: 동양출판사.
이기숙, 장영희, 정미라, 엄정애(2005). 유아교육개론. 경기: 양서원.
이명조(2005). 영유아 발달과 교육. 경기: 양서원.
이봉선, 김경란(2002). 유아미술교육. 서울: 양서원.
이부연(1994). 아동의 지능과 미술능력의 연관성에 관한 연구. 미술교육논총, 제3권, 34-50.
이상희, 아른하임(1998). 어머니를 위한 영재 뇌 자연발육법. 서울: 열음사.
이석수(2008). 미술과 수업의 조소지도방안에 관한 연구: 초등학교 5 · 6학년을 중심으로. 계명대학교 대학원 석사학위논문.
이선영(2012). 다중지능이론을 활용한 미술감상교육 수업지도방안 연구. 한양대학교 대학원 석사학위논문.
이수현(2007). 추상화의 효과적 이해를 돕기 위한 영상제작 연구: 몬드리안의 작품을 중심으로. 덕성여자대학교 대학원 석사학위논문.
이숙재, 이봉선, 김경란(2002). 유아미술교육. 서울: 창지사.
이슬희(2013). 아트프로펠(Arts Propel)을 이용한 중학교 미술수업 연구: 입체표현 중심으로. 전남대학교 대학원 석사학위논문.
이영기(2000). 확장된 판화기법 활용을 통한 창의적 표현력 신장. 한국미술교육학회지, p. 127.
이원영(1990). 주거공간에 대한 상상력 질문이 유아들의 그림표현에 미친 영향. 유아교육연구, 10, 85-96.
이은해(1995). 아동발달의 평가와 측정. 경기: 교문사.
이자현(2013). 다중지능이론을 적용한 사물놀이 지도방안 연구. 중앙대학교 대학원 석사학위논문.
이종숙, 강태훈, 서재복(2005). 교육학의 이해. 서울: 학이당.
이지우(2002). 고등학교 미술교육에서 아트프로필과 프로젝트 접근법의 활용방안: 가드너의 다중지능이론을 중심으로. 국민대학교 대학원 석사학위논문.
이창림(2008). 소조와 조각 기법의 전개 과정과 특성에 관한 연구. 한국미술교육학회 미술교육논총.
이한옥(1990). 그림분석을 통한 정서부적응아의 심리적 특성 연구. 성신여자대학교 대학원 석사학위논문.
임규혁(2000). 교육심리학. 서울: 학지사.

임지훈(2007). 아트 프로펠에 입각한 미술 교수-학습 지도방안 연구. 전남대학교 대학원 석사학위논문.

임청훈(2013). 디지털을 활용한 판화작품 표현연구: 본인작품을 중심으로. 동아대학교 대학원 석사학위논문.

임한영(1978). **존 듀이의 생애와 사상**. 서울: 배영사.

임향자(2009). 초등학교 미술교육에서 효율적인 색채지도 방안 연구: 5학년을 중심으로. 국민대학교 대학원 석사학위논문.

임현정(2011). 피아제의 의지발달 이론에 기초한 디자인 교과서 개선방안 연구를 중심으로. 부경대학교 대학원 석사학위논문.

장경희(2011). 제7차 개정 교육과정 중학교 미술교과서 표현 영역에 관한 분석: 디자인 영역을 중심으로. 성신여자대학교 대학원 석사학위논문.

장금순(1999). 초등학교 미술교과의 한국화 교육 실태 연구. 부산교육대학교 대학원 석사학위논문.

장은영(2009). 입체적 조형특성을 활용한 입체판화 수업방안 연구: 중학교 3학년을 중심으로. 한국교원대학교 대학원 석사학위논문.

장찬익, 권순달, 김경란, 김유미, 노진호, 심규장, 임정훈(1999). **초등교육의 이해**. 경기: 문음사.

장현오(2002). 다중지능이론에 기초한 미술교육에 관한 연구. 한국교원대학교 대학원 석사학위논문.

장혜진(2006). 명화감상과 연계된 확장활동이 유아의 미술능력과 창의성에 미치는 영향. 배재대학교 대학원 석사학위논문.

장호연 역(2006). **학교 안의 미술 학교 밖의 미술**. 서울: 책세상.

전성민(2010). 제7차 교육과정 중학교 미술교과서 분석: 표현영역의 회화를 중심으로. 중앙대학교 대학원 석사학위논문.

전성수, 이규선. 김동영, 류재난, 최윤재(2008). **미술교육학**. 경기: 교육과학사.

전영신(2003). 동 · 서양 정물화 비교를 통한 감상수업 방안 연구. 국민대학교 대학원 석사학위논문.

전윤식, 강영심 공역(2004). **다중지능과 교육**. 서울: 중앙적성출판사.

전효진(2006). 중등미술교육에서 인물화를 활용한 패러디 지도 방안 연구. 성신여자대학교 대학원 석사학위논문.

정광성(2012). 선재, 면재, 양재를 활용한 입체조형교육 연구: 예술계 고등학교 미술수업을 중심으로. 중앙대학교 대학원 석사학위논문.

정유은(2011). 대지미술을 적용한 협동수업연구. 부산대학교 대학원 석사학위논문.

정윤경(2004). **발도르프 교육학**. 서울: 학지사.

정종진(1999). **교육평가의 이해**. 서울: 양서원.

정필성(2009). Kinetic art 연구: 주요 작가를 중심으로. 한남대학교 대학원 석사학위논문.

조용진, 배재영(2001). **아동화의 이해와 지도**. 서울: 양서원.

조은영(2004). 1970년대 단색화의 기법적 특징에 관한 연구. 호남대학교 대학원 석사학위논문.

조주연(2003). '감성'의 뇌과학적 기초와 음악교육에의 시사점. **한국유초등음악 교육학회 음악교육, 제3집**, pp. 5-28.

조주연, 이병승(1991). '감성(Emotion)'의 뇌과학적 기전과 초등학교 감성교육의 방향. **초등교육연구, 14**(3), 391-410.

주경진(2011). 다중지능이론에 기초한 통합 미술교육 프로그램 연구: 초등학교 방과후 수업을 중심으로. 한양대학교 대학원 석사학위논문.

진조복(1999). **동양화의 이해**. 서울: 시각과 언어

차정운(2007). 미술교과서의 디자인영역에 관한 연구: 국내외 중학교 교과과정을 중심으로. 성균관대학교 대학원 석사학위논문.

채주리(2012). 고등학교 미술교육과정에서 디자인 영역 현황 분석 연구: 2007 개정 미술과 교과서를 중심으로. 경희대학교 대학원 석사학위논문.

최기득 역(1996). **소묘**. 서울: 미진사.

최옥진(2001). 초등 디자인 요소와 원리 학습을 위한 보조 교재 개발과 수업 적용에 관한 연구: 고학년 평면구성을 중심으로. 광주교육대학교 대학원 석사학위논문.

최윤재(1993). 로웬펠드와 아이스너의 미술교육 사상 및 방법론에 관한 비교 연구. 한국교원대학교 대학원 석사학위논문.

최정웅(1987). **루소의 교육사상**. 서울: 배영사.

최향춘(2006). 회화능력 향상을 위한 수업모형적용에 관한 연구. 공주대학교 대학원 석사학위논문.

최현숙(2007). 풍경화의 서정성에 관한 연구. 단국대학교 대학원 석사학위논문.

최호영 역(1995). **인식 활동의 생물학적 뿌리**. 서울: 자작아카데미.

추미영(2010). 판화를 통한 창의적인 표현 지도방안 연구-중학교 1학년을 중심으로. 계명대학교 대학원 석사학위논문.

한국미술교과교육학회(1999). **유아미술교육학**. 서울: 학문사.

한국미술교과교육학회(2000). **미술교육학**. 서울: 교육과학사.

허지연(2007). 가드너의 다중지능이론을 활용한 중학교 미술교수 · 학습모형 연구. 계명대학교

대학원 석사학위논문.

현지혜(2004). 초등학교 한국화의 표현능력 신장을 위한 지도방법 연구. 제주대학교 대학원 석사학위논문.

황해익(2000). **유아교육 평가**. 서울: 양서원.

황해익, 송연숙, 최혜진, 정혜영, 이경철, 민순영, 박순호, 손원경(2001). **유아교육 기관에서의 포트폴리오 평가**. 서울: 창지사.

Alchuler, R. H., & Hattwick, La Berta W. (1947). *A Study of Painting and Personality of Young Children*(vol. 2). Chicago: University of Chicago Press.

Baek, S. G. (1994). Implications of cognitive psychology for educational testing. *Eucational Psychology Review*, *6*(4), 373-389.

Beilin, H. (1992). Piaget's enduring cotribution to developmental psychology. *Developmental Psychology*, *29*, 191-204.

Berk, L. E. (1993). *Infants, children and adolescents.* Boston: Allyn & Bacon.

Berk, R. A. (Ed.) (1986). *Performance Assessment: Methods & Applications.* The Johns Hopkins University Press.

Blanck, G. (1990). Vygotsky: The man and his cause. In L. C. Moll (Ed.). *Vygotsky and Education* (pp. 31-58). NY: Cambridge University Press.

Bredekamp, S., & Rosegrant, T. (1992). *Reaching potentials: Appropriate curriculum and assessment for uoung children*(vol. 1). Washington, DC: NAEYC.

Brittain, W. L. (1979). *Creative, art, and the young child.* NY : Macmillan.

Bruner, J. (1985). Models of learner. *Educational Researcher.* June/July, 5-8.

But, R. F. (1947). *A Cultual History of Education*, New York: McGraw-Hill Book Co.

Carson, J. (1986). *Lowenfeld Revisited:* A Reprise, Art Education, N.A.E.A., 5.

Cherry, C. (1999). *Creative Art For The Developing Child : A Teachers Handbook For Early Childhood Education* (3rd ed.). CA : Fearon.

Clark-Stewart, A., & Koch, J. B. (1983). *Children: Development through Adolescence.* Canada: John Wiley & Sons, Inc.

Dewey, J. (1938). Experience & Education. London, Collier-Macmillan.

Dewey, J. (1988). Kunst als Erfahrung(Frankfurt), pp. 209-238.

Einstein, A. (1949). *The Psychology of Invention in the Mathematical Field.* Princeton, N.J.:

Princeton University Press.

Eisner, E. W. (1991). *What the Arts Taught Me about Education,* Art Education, N.A.E.A., 9.

Frabel, F. (1826). Deie Menschenenerzichung, Bd II, M. Hrsg, V. Erika Hoffmann, Dusseel dorf Helmut kupper Verlag, 1968.

Franklin, B. (1931). *Proposed hints for an academy.* In J. Woody (Ed.), The educational views of Benjamin Franklin. New York: McGraw Hill.

Gardner, H. (1993). *Miltiple Intelligences: The Theory in Practice.* New York: Basic Books.

Gardner, H. (1999). MIDAS: *The Multiple Intelligence.* NY: Basic Books. Http://www.angelfire.com.

Gardner, H., & Perkins, D. N. (1989). *Art, Mind and Education* : Research from Project Zero, Illinois.

Goleman, D. (1995). *Emotional Intelligence.* NY: Bantam Books.

Graves, F. P. (1926). *A Student's History of Education.* New York: Macmillan Co.

Hausman, J. J. (1982). Viktor Lowenfeld-Remembrances of a Friend and Colleague. *Art Education, N.A.E.A.*, 11.

Isenberg, J. P., & Jalongo, M. R. (2001). *Creative Expression and Play in the Early Childhood Curriculum.* Englewood Cliff, NJ: Prentice Hall.

Jongsma, K. S. (1989). Portfolio assessment. *The Reading Teacher, 3*(73), 264-265.

Koster, J. B. (2001). *Growing Artists: Teaching Art to Young Children* (2nd ed.). Albany, NY : Delmar.

Koster, J. B. (2001). *Growing Artists: Teaching Art to Young Children* (2nd ed.). Albany, NY: Delmar.

Lane, S. (1991). Implications of cognitive psychology for measurement and testing: assessing students' knowledge structures. *Educational Measurement : Issues and Practice,* Spring, 31-33, 36.

Langer, S. K. (1957). "Expressiveness," *Problems of Art.* New York: Charles Scribner's Sons, pp. 13-26.

Lanier, V. (1983). *The Visual Arts and Elementary Child.* N.Y.: Teachers College Press.

LeDoux, J. E., & Hirst, W. (Eds.), (1986). *Mind and brain: Dialogues in cognitive neuroscience.* Cambridge, England: Cambridge University Press.

Masters, G. N., & Wilson, M. (1991). The measurement of understanding, Paper presented at a

Workshop on Partial Credit Models, ETS, NJ: Princeton.

McClellan, E. (1985) *Defining giftedness: 1985 digest.* ED262519.

Morrison, G. S. (2001). *Early Childhood Education Today* (8th ed.). Merrill-Printice Hall.

Nathan, L. F. (1995). *Portfolio assessment and teacher practice* (urban schools). Unpublished doctoral dissertation, Northern Illinios University.

Palincsar, A., & Brown, A. (1989). Classroom dialogue to promote self-regulated comprehension. In J. Brophy (Ed.), *Advances in research in teaching.* Greenwich, CT: JAI Press.

Parks, M. E. (1989). Art Education in a Post Modern age. *Art Education, N.A.E.A.*, 3.

Patton, M. Q. (1990). *Qualitative Evaluation and Research Methods* (2nd ed). Sage Publications.

Paul, M. T., Jay, N. G., Roger, P. W., David, M., Alan, C. E., & Arthur W. T. (2000). Growth patterns in the developing brain detected by using continuum mechanical tensor maps. *Nature, 404*(9), 190-192.

Paulson, F. L., Paulson, P. R., & Meyer, C. A. (Feb, 1991). *What makes a portfolio?* Educational Leadership.

Phillips, J. L. (Jr.) (1969). *The Origins of Intellect: Piaget's Theory.* CA: Freeman & Company.

Piaget, J. (1962). *Play, Dreams and Imitation in Childhood.* New York: Norton.

Read, H. (1956). *Icon and Idea.* Cambridge: Harvard University Press.

Rogoff, B. (1990). *Apprenticeship in Thinking : Cognitive Development in Social Context.* NY: Oxford University Press.

Schirrmacher, P. (1998). *Art and creative development for young children.* Albany, NY: Delmar.

Shepard, L. A. (1991). Psychometricians beliefs about learning. *Educational Researcher, 20*(7), Oct., 2-16.

Shepard, L. A., & Bliem, C. L. (1995). Parent's thinking about standardized tests and performance assessment. *Educational Researcher, 24*(8), 25-33, 46

Smith, P. J. (1982). Lowenfeld in a Germanic Perspective. *Art Education, N.A.E.A.*,11.

Smith, P. J. (1985). Franz Cizk: The Patriarcl. *Art Education, N.A.E.A.*, 3.

Stockmeyer, K. (1991). *Rudolf Steiner's Curriculum for Waldorf Schools.* Stourbridge: The Robinswood Press.

Stokrocki, M. (1982). The Lowenfeld Lecture. *Art Education, N.A.E.A.*, 11.

Sylwester, R. (1998). Art for the brain's sake. *Educational Leadership*, *56*(1), 31-35.

Unsworth, J. M. (1990). Re-Thinking Lowenfeld. *Art Education, N.A.E.A.*, 1.

Vygotsky, L. S. (1978). Mind in Socity: *The development of processes. Cambridge*, MAS.: Harvard University Press.

Vygotsky, L. S. (1986). *Thought and Langage.* Cambridge, MA: MIT Press.

Wertsch, J. V., & Tulviste, P. (1992). L. S. Vygotsky and contemporary developmental psychology. *Developmental Psychology, 28,* 548-557.

Wittrock, M. C. (1978). Education and the cognition process for the brain. In J. Chall & A. Mirsky (Eds.). *Education and brain*. The 77 yearbook of the national society for the study of education, Part 2. University of Chicago Press. pp. 61-102.

Wittrock, M. C. (1992). An empowering conception of educational psychology. *Educational Psychologist 27,* 129-141.

Youngblood, M. S. (1982). Lowenfeld's Unremitting Legacy. *Art Education, N.A.E.A.*, 11.

저자 소개

오현숙(Oh Hyunsook)

영남대학교 미술치료학 박사

현 한서대학교 교육대학원 미술치료교육전공 교수
한국아동미술학회 고문
한국미술치료학회 이사
한국색채학회 이사
기독교심리상담사 슈퍼바이저
수련감독임상미술심리전문상담사

저서 신나는 어린이 미술표현교실(예경, 2000)
신나는 어린이 조형실기교실(증보판, 예경, 2003)
재활용품으로 만들기(예경, 2008)
미술로 행복해지는 아이들(예경, 2009) 외 다수

백중열(Baik Jungyoul)

중앙대학교 교육(심리)학 박사

현 대구교육대학교 미술교육과 교수
영재교육원 원장
예술의전당 미술영재 자문위원

저서 창조적 미술영재(예경, 2010)
아동미술교육과 심리(공동체, 2015) 외 다수

이하나(Lee Hana)

한서대학교 예술대학원 아동미술 석사

현 아동미술전문강사
특수아동미술치료전문강사
한서대학교 아동미술학과 강사

저서 아이와 함께 하는 영재미술(공저, 양서원, 2005)

안정은(An Jungeun)

한서대학교 아동미술학과 학사

현 아동미술전문강사
한국아동미술표현연구소 수석연구원

아동미술의 이론과 실제

The Theory and Practice of Children's Art

2019년 9월 20일 1판 1쇄 인쇄
2019년 9월 25일 1판 1쇄 발행

지은이 • 오현숙 · 백중열 · 이하나 · 안정은
펴낸이 • 김진환
펴낸곳 • (주)학지사
04031 서울특별시 마포구 양화로 15길 20 마인드월드빌딩
대표전화 • 02-330-5114　팩스 • 02-324-2345
등록번호 • 제313-2006-000265호

홈페이지 • http://www.hakjisa.co.kr
페이스북 • https://www.facebook.com/hakjisa

ISBN 978-89-997-1930-1 93370

정가 18,000원

이 도서의 국립중앙도서관 출판시도서목록(CIP)은 서지정보유통지원시스템 홈페이지(http://seoji.nl.go.kr)와 국가자료공동목록시스템(http://www.nl.go.kr/kolisnet)에서 이용하실 수 있습니다.
(CIP 제어번호: CIP2019033068)